Die Kunst des klugen Essens

42 verblüffende Ernährungswahrheiten

作者
Melanie Mühl
梅蘭妮・穆爾
Diana von Kopp
狄安娜・馮寇普
譯者 林琬玉

blind
wine
taste
test

吃的藝術

42個飲食行為的思考偏誤

【專文推薦】

想當個夠格的吃貨？先讀這本書

鄭國威

科學家每天都在問自己三個對人類來說最重要的問題：我是誰、我從哪裡來、我中午要吃什麼。

好吧，上面這句話是胡扯的。但不只是科學家，在看這本書的你可能也跟我一樣，每天都在苦思那最後一個問題。

像我一樣每天中午都外食的上班族很多，我跟同事甚至討論過要不要乾脆轉行去做「中午要吃什麼」ＡＰＰ，因爲不但自己每天都用得著，而且比起科學傳播市場大不少。可惜我們動作慢。你只要上手機應用程式市集去搜尋，會發現類似的ＡＰＰ已經好多個。

即使如此，每天還是都得吃，而每次吃之前，就得綜合無數條件，做出風險不明的抉擇，這實在是把現代人逼得有點緊。儘管近年來一連串食安問題頻繁且驟然降臨台灣，踩得我們是措手不及，而且踩得我們也有點麻痺了，但我們在吃之前得要處理的認知關卡並不只是如此。一下子生酮飲食紅了，一下子防彈咖啡夯了；一下子超級食物紅藜誕生了，一下子冷壓果汁高尚了；一下子有人說只該吃菜，一下子有人說只該吃肉；一下子早餐是最重要的一餐，一下子早餐最好少吃甚至別吃；一下子有人說該多吃魚，一下子有人說不該吃魚，當然也有人說要沒魚吃了，準備開始吃蟲補充優質蛋白質吧。

如果你也被這些不請自來、徒增困擾的資訊搞得想吃土，那麼就先來嗑這本《吃的藝術》吧。這是一本看了就想一次看完，即使並沒有這個必要的俏皮知識書。本書由多則短篇集結而成，恰如其分地用生活感十足的案例，結合從心理學、營養學、生物學、經濟學等領域挖掘出的最新知識，加上每篇結尾那畫龍點睛的小提示，是我非常喜歡、也很想學習的一種科普寫作方式。閱讀起來像是在吃口感酥脆的洋芋片，帶著恰好的鹹味與清爽的檸檬香，泮滋泮滋地聲音刺激著食欲，我那貪食知識的腦一刻也停不下來地吃完了整包。

作者不是台灣人，書中描述的場景主要在歐美，但每篇案例都讓我能聯想起自己的吃喝生活，也解開了許多我從沒認眞想過的個人飲食習慣之謎，例如爲什麼喜歡吃某些東西，爲何無法抗拒某些口感，爲何到了超市會忍不住想買某些吃的，爲何看到某些顏色就感覺有點餓，又爲何被朋友形容成是個不在乎吃什麼的人（儘管我自認不是）。

我們常說台灣人很重吃，而且我們的確也有獨特的飲食文化，但吃不只是結果，而是抉擇。每次決定吃什麼、怎麼吃，就像投票一樣，而這本書著實讓我在每次投票前都能更清楚自己為何而投，很高興我的舌頭未來將比我更能善盡公民義務。

想想也很不可思議，那就是即使作者寫得讓我這個台灣人再贊同不過，但我們卻實實在在在地吃出了截然不同的飲食文化，我想這就是吃的奧妙之處吧。

（本文作者為 PanSci 泛科學共同創辦人暨知識長．重度知識挑食症患者）

目錄 CONTENTS

前言

先說個好消息：當今的我們，可說是活在一個食物天堂。意思是說，我們對美食的渴望，無時無刻都能獲得滿足。相較之下，伊甸園那種天堂簡直不值一提。但另一方面，也有個不算太好的消息，那就是，吃東西這件事變得越來越複雜。三不五時，我們就會迷失在諸如素食、舊石器時代飲食法、低醣飲食或排毒餐的風潮之中，而隨之而來的就是，我們再也不能好好地大快朵頤。想想，吃飯本來應該是最美好的感官享受耶！

爲了重拾飲食的樂趣，也爲了釐清我們爲什麼會有這樣的飲食行爲，以及爲什麼會有此判斷，我們有必要起身窺探一下隱身其後的種種面貌，尤其是我們自己想法背後的思維。我們每天都會遭遇不下兩百次的飲食抉擇，但不會對每個抉擇都有所自覺，這麼說其實也很容易理解。畢竟，我們不會對爲什麼要點甜點、爲什麼堅持吃薯條要沾美乃滋這點小事琢磨再三，多半都是潛意識在幫我們做決定。這讓我們能省下更多精力去思考別的事情，固然便利，卻也有其風險，因爲我們等於將飲食使用手冊拱手讓人。但偏偏，飲食能高度左右我們的情緒。想想：若我們自己也搞不清楚，爲什麼有些料理吃了會讓我們大呼幸福，有些卻光看就令人反胃？爲什麼我們有時會拚命吃到快吐？還有，我們知道自己何時吃飽了嗎？若對這些事一無所知，我們該如何探討飲食叢林裡的怡然生存之道，如何討論要怎麼樣才能讓自己吃得更健康、更聰明，以及怎樣眞正享受食物呢？除此之外，我們其實也想知道：食物的滋味到底是怎麼產生的，以及我們的心理狀態與大腦功能會對每日的飲食有什麼影響？

且讓我們先忘掉那些從四面八方蜂擁而來，弄得大家時時坐立不安的種種飲食迷思吧。這世上其實已經有足夠的行爲心理學與大腦相關研究可供佐證，不僅可以解密我們自己的口味，並能點出飲食在社會層面上的意義。過去幾年間，相關領域的研究進步神速且成果驚人，這對於我們的健康來說不啻是個好消息，對於我們的飲食樂趣來說更是福音。

說起來，我們口味的偏好，其實打從娘胎裡就已奠定。羊水嚐起來越甜，胎兒就吞得越多。反之，苦味就不受歡迎了。而等我們來到世上之後，口味的形塑仍然持續進行。於是，某些人會成爲**挑食鬼**（picky eater），有些人卻會對送到嘴邊的食物都來者不拒，然後，第一次減重計畫理所當然地到來，而且往往伴隨著這樣的結果：可惡，計畫失敗！因爲人類，簡單地說，從來就不是一個飲食有度的饕客。

美國行為心理學家丹・艾瑞利（Dan Ariely）稱我們人類是會受到各種外力影響，但很少對此有所知覺的物種，即便有一絲一毫的知覺，我們通常也會低估它的作用，而這些力量的影響層面當然也包括飲食。本書的目的，就是要揭開這些力量的面紗，並佐以知識幫助我們過得更好。讓我們重拾心中那本飲食使用手冊，從此吃得更聰明、更享受吧！

01 Der Chili-Charakter

辣椒性格

愛吃辣是怎麼一回事

某天，妳跟一位義大利帥哥約會。跟大家一樣，你們也是互有好感才相約，心中還正為兩人的許多共同點而雀躍著，諸如愛喝同款葡萄酒，或同為某種電影癡迷之類的。但偏偏，這種喜悅只持續到某個晴天霹靂出現為止——這位帥哥，在他的辣味青醬披薩上狂倒了半瓶墨西哥辣椒醬之後，居然掰了一塊要妳嚐嚐，還一邊興高采烈地細數他最愛的墨西哥辣味餐點，那些「妳下次一定要試試看」的菜。其實直到這一刻之前，妳對今天所選的餐廳頗為滿意，面前那盤白醬培根蛋義大利麵完全對味，妳甚至已經想好，飯後甜點就來份最愛的義大利奶酪布丁吧。但現在，想到未來或許得跟眼前這位仁兄分享辣味餐點，頓時胃口盡失。

不過，妳知道嗎？因為發覺對方的飲食喜好與自己截然不同，而心中備感不快，這其實其來有自，「因為，我所食所飲，即我的『第二個我』……都是我存在的本質。」德國哲學家費爾巴哈（Ludwig Feuerbach）如是說。所以照這樣說來，坐在面前的那個傢伙究竟是怎樣的人呢？據說，愛吃辣的人比較勇於冒險。這句話，是美國賓州大學（University of Pennsylvania）的保羅・羅津（Paul Rozin）與黛博拉・席勒（Deborah Schiller）兩位教授在做完辣椒食用相關研究後說的。他們舉例說，在墨西哥，大嚼辣椒的人給人強壯、大膽又有男子氣概的印象。但愛吃辣椒的美國大學生，雖然也勇於冒險，卻會給人有勇無謀的印象，並且似乎盡做些可能危及自身安全的活動，例如開快車、跳傘或在結冰的湖裡游泳之類的。其實，從事這些活動之初都得克服不少障礙，但跟吃辣椒一樣，久而久之，就會知道如何評估危險。「而那種可以評估的風險，或許就跟吃辣給人的感覺一樣刺激。」羅津簡單作結。至於，我們到底可以吃多辣，個人可以承受辣的界線在哪裡，則完全與我們如何成長，以及在地球的哪個角落長大有關——想想墨西哥或東南亞吧。但是，羅津又說，即便是墨西哥小孩，一歲大之前對辣也是避之唯恐不及的，一直要到六、七歲之後，口味才會開始轉變。

說起來，辛辣其實不是一種口味，不是甜、鹹、苦、酸，或是鮮美這類的口感。辣所呈現出來的是疼痛，這就是較爲謹愼的人如妳，面對一片辣味披薩之所以會反射性退縮的原因。而那種典型的疼痛感，在辣椒素（Capsaicin）到達舌頭產生痛感後，其實就會逐漸消解。但若沾到眼睛或較爲敏感的鼻腔黏膜，我們就會像被噴了含辣椒素的防狼噴霧劑一樣哀哀慘叫了。不過，你還是可以拿化學武器等級的產品來虐待一下像舌頭這種極度敏感的身體部位，瞧瞧嚐了標示「讓你痛」、「黑寡婦」、「超級死亡醬料」（感到自己活著！）、疼痛八十五%、九十五%或一〇〇%，會是什麼感覺？而以上這些乍聽之下會以爲是死亡金屬的歌名，其實只是尋常商店裡就買得到的辣椒醬。

羅津認爲，那種生理上的負面反應（心跳加速、滿頭大汗、燒灼感、淚流不止、呼吸困難等）所引發的舒暢感，可說是一種自虐式的連續過程。他拿觀賞恐怖電影時的心情來相比擬，恐懼感會眞的湧上心頭，但我們其實十分清楚什麼事都不會發生。但在動物的世界裡可不是這樣。即使是向來無所不吃的豬（包括生來就住在墨西哥高地，照理說應該很習慣辣味廚餘的豬），對於沾了辣椒醬的玉米餅也是敬謝不敏。因爲牠們傻傻分不清楚，不知道那種火辣的感覺並不是「眞的」，不明白那只是大腦的錯亂反應。我們與牠們的不同之處，就在於我們知道辣椒不會眞的在肚子裡燒起來，理智讓我們遊走在警告訊號允許的一定範圍之內。「這麼說吧，我們會出於本能保持安全距離，並自大腦獎勵中心獲得一管腦內啡（Endorphine）生物化學滴劑。」德國醫學研究學者哈洛・阿布列希特（Harro Albrecht）在其著作《疼痛：一部解放史》（*Schmerz: Eine Befreiungsgeschichte*）中如是說。所以，順道一提，那種馬拉松運動員所生出的「跑者愉悅」（Runners High），也是同樣的情形。

基本上，愛吃辣椒的人比較有實驗精神、喜歡冒險、樂於改變，是情感強烈的探險家，所有這些特點都顯示他們是那種「尋求感官刺激者」（Sensation Seeker）。對於這些人，給他們的正面描述應該是有顆強烈的好奇心——但若要不客氣地說，就會說他們是一群永無饜足的傢伙。然後，向來以安全穩定爲優先考量的人，面對他們時內心的警鈴就會大響。因此，奉勸那些想避免躁動不安、在意忠貞可靠，並且非常安於平淡度日的人，未來結識新朋友時，千萬要特別小心愛吃辣的人。不過其實，辣椒對於健康是很有助益的，不但可促進新陳代謝，還可作爲止痛劑，甚至有抗生素的效用。阿布列希特說，相傳印度人深信牙痛時飲用一些辣椒茶就可止痛，北美原住民就更厲害了，會直接把辣椒塗抹在牙肉上。「一開始，辣椒素會引發一種燒灼的痛感，但之後，被刺激過度的神經就會暫時麻痺，並減緩疼痛感。」

很好很好，我們對於愛吃辣的人已經有了初步的了解，那麼，愛吃甜的人又是怎麼一回事呢？若大家都愛吃甜食，妳今天的約會就皆大歡喜了。因爲嗜甜的人，基本上都是熱心助人的社交高手（一種「小甜心」的概念）。實驗證明，那些樂於在別人有難時伸出援手的人，通常會捨鹹餅乾而就巧克力。此外，甜食還有緩解吃辣症狀的功能，尤其是乳製品，例如義大利奶酪布丁、馬斯卡彭乳酪或鮮奶油甜點最有效，它們的油脂會與辣椒素完美結合。反之，猛灌白開水只會擴大辛辣感，並且會加強辣味的燒灼感。

結論：辣椒比糟糕的廚藝有益身心健康。但是，放膽品嚐前，請備足大量乳製品，如此才能免於內在燃燒的感覺。

02 Der Food-Radius

食物半徑

打造自己的飲食環境

我們每天得遭遇不下兩百次的飲食抉擇，一早還賴在床上，腦中就轉著待會兒吃什麼喝什麼的思緒。昨晚才吃的那塊牛排還躺在胃中，卻一點也沒減損我們吃早餐的興致。即使是在尋常的日子裡，這些問題也會自動浮現：誰去煮咖啡，等下要吃什麼？一個還是兩個可頌？午餐便當帶什麼？或是，中午要跟誰吃飯以及去哪吃飯，比較輕鬆愉快？再來，晚餐要吃壽司還是披薩？還有，這個週末輪到誰煮飯？已經星期四了耶。冰箱裡還缺什麼，約好的烤肉趴再加點什麼最讚？要不要試試新的外賣店？

我們這些自詡爲能屈能伸、靈活自如的人類一定料想不到，八十%的飲食抉擇都是在家裡及住家附近完成的。我們就在這方圓不過十里之內，解決每日的飢腸轆轆與美食渴望。這就是美國心理學家布萊恩．汪辛克（Brian Wansink）所說的「食物半徑」（Food-Radius）。這麼說起碼讓我們恍然大悟，原來每個人的食物半徑對自己的飲食習慣有舉足輕重的影響，雖然，我們一向覺得決定要吃什麼的人是自己啦。而這種理所當然的飲食習慣，通常也只在我們離開這個半徑，例如去別的地方度假時，才會察覺它的存在。想想，有些德國佬甚至人都還沒到紐約，就開始搜尋旅館周遭是否有德式麵包店，或是附近超市可有賣像樣的啤酒呢。總之，無論去到哪裡，我們總會想先探究一下當地的美食取得適切度，然後再爲自己建立一套流程，因爲在採購與飲食方面，我們其實是很依賴慣性的——或者說，純粹是因爲感覺比較舒適。

這種尋求舒適感的傾向，其實是有生態發展依據的，稱之爲「最佳覓食途徑」（Optimal Foraging）。就是那種保證可以花費最少力氣，但提供最充足能量的食物來源。換句話說，就是我們一心想要吃得飽又吃得巧。理論上，除非是住在沙漠，我們的食物半徑裡應該不乏取得便利的食品。想到這裡，不禁讓人鬆了一口氣，不過話說回來，我們也從來沒放棄過尋香覓食。

但若以爲由於食物半徑與隔壁芳鄰一模一樣，大家就會老在購物時碰到，那可就不一定了。因爲每個人對食物半徑的使用方式都是獨一無二的。個人的活動範圍內一定有些許餐館或店家，是我們習於視而不見的，而我們會上門光顧的，很奇怪的往往就限於那幾家。

所以，我們到底有沒有辦法影響自己的食物半徑，打造自己想要的購物環境呢？當然可以！有個柏林市民的倡議性組織就發起一項行動，拒絕讓更多超市進駐，而是讓傳統市集、手工食品業者及在地產品集結到此，盡可能呈現多樣化的風味。如今，這個名為「九號市場」（Markthalle Neun）的專案逐漸遠近馳名，許多業者都在此供應物美價廉的食品，無論是素食、古早味、南德的史瓦本口味、祕魯美食、有機或家常菜都應有盡有。

而有時候，只需稍微花點心思散一次步，就足以拓展生活圈，開闢住家附近新的「食物取得來源」。更神奇的是，只要有一處冒了新芽，我們的整個視野就好像都改變了。大家一定都有過這種經驗：因為最近想買輛腳踏車，就突然發現隨便哪個轉角處都有腳踏車店；因為計畫生個寶寶，走在路上就覺得到處都是孕婦。所以，如果我們現在決定，從今以後只購買有清楚標示產地的食物，或許我們就會驚覺，自家附近原來就有很多本地農家、蔬果店或市場攤販，他們賣的就是新鮮的在地產品。

若有人還想更進一步了解，自己到底為什麼需要及如何塡飽肚子，那麼，就有必要把食物半徑拿出來用放大鏡好好檢視一番，捫心自問，哪些店賣的東西有益健康，哪些不然？為什麼我們會去某些店消費？說不定，只是因為我們愛跟那家店的老闆哈拉？你會不會因為店家親切有禮而買了超出預算的量？你在超市買了冷凍蔬菜，只因為懶得繞路跑去蔬果店嗎？有沒有想過跟鄰居組個合購團，大家輪流去採買蔬菜呢？又或者，乾脆與朋友一起闢塊菜園？

結論：如果你嫌種菜太無聊，也對太多的鄰里往來心存疑懼，那麼，就假想自己剛搬來，重新去發掘專屬個人的食物半徑吧。要當作什麼都不知道那樣去找喔。然後，你一定會超級驚訝地發現，原來自家附近竟然應有盡有……

03 Pränatale Prägung

出生前的印記

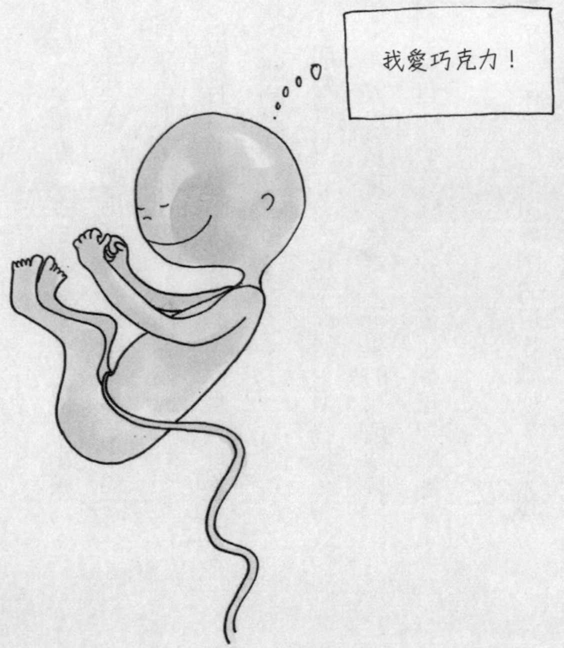

為什麼還沒出生，我們就已經有愛吃的東西

二〇一一年的某個春日，著名的食譜作者瑪蓮娜．史畢勒（Marlena Spieler）剛走出舊金山的家門，準備上街買點在地美食來豐富生日派對的菜色，過馬路時，她卻不幸給車撞了。史畢勒兩隻手都斷了，還有些微腦震盪，但這只是接下來一連串惡夢的開始。

住院的第一晚，她被一股難聞的煙味給嗆醒。但其實「並沒有人在抽菸，而且我身邊的人似乎也沒有聞到那股煙味，」二〇一四年她在《紐約時報》（*New York Times*）自述車禍歷程時這麼寫著，「早餐喝下肚的咖啡全然無味。朋友帶了許多美食來探病，但我每多吃一口，心裡就越害怕。因爲，我從小最愛的肉桂，一入口竟苦不堪言。香蕉的味道像蘿蔔，而且聞起來像指甲油去光水，嫩煎蘑菇也只剩下烤焦的餅乾味。我失去了品嚐與嗅聞的能力，就像音樂家喪失聽力一樣。」

就那麼一擊，讓史畢勒體內的美食檔案全消失了。後來，經由專門的口味訓練，她才得以重拾常人的味覺，不過，要用來烹調美食還是不行的。因爲，那些她原本不吃的東西，現在會沒來由地愛上，反之亦然。她所吃過的每道菜餚，好似完全從她的過往經驗裡

刪除。不過，這也引發了一種很奇特的飲食體驗：「我每吃一口冰淇淋就會喃喃自語：『好吃耶，這是什麼？』我還記得，那時所嚐的第一口豬五花是『好吃得不得了』，但後來每次再吃，我還是會以為自己是第一次吃。當然，持續不斷的驚奇，也可說是件美妙的事，不過，我還是覺得自己蠢斃了。」

車禍硬生生截斷了她和過往美食的無形聯繫，經由錯綜複雜神經網路所建立的記憶系統，這時已無法如往常般發揮應有的功能，史畢勒覺得快不認識自己了。失去了嗅覺和味覺，讓她再也找不回過往的感受與經驗。若想如法國作家普魯斯特（Marcel Proust）在《追憶似水年華》（*À la recherche du temps perdu*）所描述的那般，在精神上來趟時空旅行，已是癡心妄想。

瑪德蓮浸泡在椴花茶中的滋味，讓書中以第一人稱敘事的主人翁普魯斯特，強烈感受到兒時的歡欣：「混合著蛋糕滋味的茶一沾上我的上顎，我不禁渾身一顫，彷彿體內發生了什麼奇妙的變化。一股前所未有的幸福感受湧上心頭，全然無涉於外物、不知從何而來。」

記憶科學將之稱為「普魯斯特現象」（Proust-Phänomen）。火腿拌麵中的金黃酥炒滋味，喚起了已逝祖母穿梭廚房的身影，燒烤杏仁的香味，更能讓我們瞬間跌入回憶之中。

海馬迴（Hippocampus）對於組織記憶十分重要，杏仁核（Amygdala）也參與了情緒記憶的儲存。一旦腦海深處的記憶被觸發，我們也只能兩手一攤、任其擺布。而說起來，那個藏得最深、威力最強，且往往能使記憶出其不意重現的，便是氣味。

若要追問我們對於口味的記憶是打哪來的，可以追溯到比一般人所認爲的更久遠些：那是打從娘胎裡就開始的事，經由羊水，媽媽的飲食習慣與口味偏好會影響胎兒的口味，早在耳能聽、眼能看之前，我們會先進行人生第一次的嗅覺體驗。懷孕滿兩個月時，胎兒的味覺開始建立，大約十二週大時，胎兒開始會吞嚥羊水。到了懷孕的第六個月，胎兒每天會吞下半公升的羊水，其吞嚥行爲也會受到羊水的味道影響：如果嚐起來甜甜的，他會多喝幾口，若是苦苦澀澀的，他就會減少吞嚥的頻率。說起來，喜甜厭苦是與生俱來的，我們的穴居遠祖用這樣的基因設定確保了人類的生存。因爲，甜味意味爲身體提供能量，而有毒的物質通常是苦的。美國費城莫奈爾化學感官中心（Monell Chemical Senses Center）的生物學家茱莉．馬內拉（Julie Mennella）及研究團隊，以紅蘿蔔做實驗，證明出生前及出生後初期的味覺經驗對日後的口味具有強大的塑造力。他們將參與實驗的孕婦分爲三組：第一組人於懷孕的最後三個月定時喝紅蘿蔔汁，產後一個月的哺乳期則只喝水。第二組人在產後才開始喝紅蘿蔔汁，第三組受試者則完全不喝紅蘿蔔汁。等到嬰兒可以吃固體食品時，他們準備了用紅蘿蔔汁或水熬成的麥片粥，結果那些早就經由羊水或母乳嚐過紅蘿蔔滋味的嬰兒，吃下了較多紅蘿蔔麥片粥，而且他們的負面情緒反應，也比那些沒嚐過紅蘿蔔的嬰兒少。馬內拉說，每個嬰兒都會累積自身的獨特經驗，而且每個小時、每天、每月都在改變。一旦開始自己進食，他會覺得拿愛吃的食物比較保險，還有，媽媽也吃的東西會被他視為可食之物。所以，懷孕及哺乳中的媽媽吃得越健康、越多樣化，寶寶的飲食口味也會越多元（而且餵食起來較不麻煩）。除了紅蘿蔔之外，香草、蒜頭、八角、藍黴乳酪與薄荷的味道也很強烈，足以在母乳中留下痕跡。

此外，我們在孩提時期最愛吃的食物，不僅將終身在記憶中占有一席之地，而且常常會讓我們愛吃一輩子。能享受那些食物的感覺當然很美好、很安心，不過讓我們始終如一的，卻是記憶的牽絆。荷蘭作家賽斯．諾特博姆（Cees Nooteboom）曾寫下這樣美妙的句子：「記憶就像隻總窩在自己所欲之處的狗兒。」

結論：多姿多彩的美食資料庫就如所追憶的往日時光般珍貴，史畢勒很快就著手設定自己的味覺新程式——那是段歡笑與淚水交織的過程。經由種種感官印象所喚起的過往扉頁，本身就如同魔法般神奇。那隻狗兒，或許本來就一直窩在那個我們想待的地方吧。

04 Nudging

輕輕的一推

當員工餐廳成為激勵士氣的所在

你上班的公司有員工餐廳嗎？你常在那裡吃飯嗎？如果以上皆是，你可曾好好觀察過你們的餐廳？建議你一定要找機會仔細瞧瞧，因爲那裡隱藏了很多老闆背後的心思，譬如說，他到底有多在乎你的健康？有些公司的餐廳，簡直就是舊石器時代飲食愛好者的天堂，一星期有三天推出牛排餐，而有些餐廳，又弄得活像只爲素食者而設。世上也還不乏那種提供「制式菜單」，即盤中隨便擺個幾根乾癟的小香腸或慘白的魚肉，毫無美感的過時員工餐廳。

不過，被員工餐廳菜單嚇跑這種事，絕對不可能發生在 Google。全世界大概沒有別家公司的員工餐廳，能在網路上得到這麼一致的讚揚，光是使用員工餐廳這樣的字眼來形容它，幾乎就要算是一種侮辱了。Google 園區內四處坐落著精心設計的餐廳、小餐館、咖啡座與輕食吧，極力滿足所有員工的美食需求。這個企業不僅以資料蒐集狂著稱，對員工的關愛也相當受人矚目。Google 的經營理念是：員工要健康又吃得營養才會快樂，快樂的人就能拿出亮眼的成績，而且會更勇於革新與發揮創意。所以，園區內的食物，無論是壽司、泰式、印度料理，或是其他各國菜餚，一星期七天，每天二十四小時都免費供應給員工享用。爲的是，讓大家好好待在園區裡不要亂跑，偶爾感到嘴饞或想喝點飲料，只要走個幾步路就有提供（健康）小點心的輕食吧。

然而，免費供餐也有缺點：會讓人即使不餓也時不時嘴饞，而且 Google 也不想養出一群吃飽太撐的員工，所以就在餐廳設計上運用了一點心理學技巧。也就是說，該公司員工的用餐環境，實際上是被巧妙調控過的場所。一踏進這裡，首先映入眼簾的就是沙拉吧，這樣安排是因爲一般人總會習慣把先看到的食物放入盤裡。而甜食類，例如 M&M 巧克力，就會用不透明的容器盛裝，他們想藉此幫員工省去吃下太多卡路里的麻煩。主廚史考特・詹巴斯提亞尼（Scott Giambastiani）這麼描述他在 Google 所擔負的飲食重任：「我們要成爲全世界最健康的公司。事實證明，用小盤子吃飯的員工確實吃得比較少。這樣可以避免在用餐後昏昏欲睡，才能保持高度的生產力，並將成果回饋給公司。」不過，盤子小可不保證飢腸轆轆的員工就一定會挑健康的東西吃，所以，公司又想出一套紅綠燈系統來輔助選餐。標上綠點的食物，就是可以隨時安心大嚼的東西。若出現黃點，就是告訴大家，此物偶爾吃吃沒問題。但若被標上了紅點，就是表示：請不要常吃！我們將這種溫和的行爲建議稱爲「輕推」（Nudging），也就是一種將人巧妙導入正途的技巧。美國經濟學家理查・塞勒（Richard Thaler）與法律學者凱斯・桑思坦（Cass Sunstein）於合著的《推出你的影響力》（*Nudge*）一書中說道，若在自助餐台的後方擺面鏡子，也能發揮同樣的效果——大家會多拿些水果，少吃點甜甜圈。因爲看到自己手上拿著蘋果的感覺顯然比較良好。

那麼，在選項一目瞭然的狀況下，輕推是否仍有其作用呢？二〇一五年，某個荷蘭的研究團隊選了火車站月台上的三家小售貨亭爲實驗對象，設定了不同的布置方式以誘人購物。他們將第一家小售貨亭的櫃台旁，原本陳列水果與穀物棒的地方，換上不健康的巧克力與餅乾。第二個售貨亭保持原來的樣子，第三個則是把健康食物放在收銀台旁，並附上「我們助你做出健康的選擇」的標語。最後的結果是：光是把水果擺在櫃台上，兩個小售貨亭的水果銷售量在一週內就明顯上升（287 比 161），前者是配合那句「輕推」標語的結果，後者則無。有趣的是，消費者顯然沒有感到被干涉，不過遺憾的是，不健康零食的銷售量也穩定不變。

其實，Google 的飲食規畫是整個超大優化循環中的重要一環，每個踏入這個集團工作的人，從第一天起就開始接收這樣的觀念。而我們也不禁想問，會不會有人就是對輕推不爲所動，食物上所標的紅點也嚇不倒他，他就是愛做錯誤的選擇呢？還有，Google 會不會暗地裡幫員工計算卡路里啊？那些不聽話的人，會不會被送去進修營養課程？伸手想拿罐雪碧解饞，警鈴是不是就會大響呢？畢竟，在一個理想化的飲食世界裡是不容出錯的。不知你的老闆在這方面的作法如何呢？他也循循善誘希望你往健康的方向前進嗎？

喔，順道一提，德國人在員工餐廳裡最愛吃的食物還是咖哩香腸。亙古不變。

05 Geschmack: auch eine Sache der Gene

口味攸關基因

或許你也曾大呼驚奇，覺得一桌子人明明都吃一樣的食物，反應爲何相差十萬八千里。只見這邊有人拿起鹽罐猛灑，另一邊卻因覺得朝鮮薊太苦、草莓醬太甜，整個臉揪成一團。「每個人的口味不同。」這句話我們從小聽到大，卻從來不明所以。若是硬要說出個理由，某些長期被大家認爲毋庸置疑的理論，恐怕也是錯得離譜，例如那個將我們的舌頭比喻成分區地圖，以甜、酸、鹹、苦，以及（後來加上的）鮮味嚴格畫分味覺分布區的說法。事實眞相是，舌頭的每一處都能嚐出所有滋味來，即使的確有較主要的味覺區，但光憑肉眼就可以察覺，整個舌頭都有舌乳突分布，其中蘊藏著味蕾。味蕾中有一百五十個左右的受體細胞，可確保味覺的品質。

不過，即使如此，還是無法解釋爲何有些人對於某些味道就是特別敏感。美國佛羅里達大學嗅覺與味覺研究中心（University of Florida Center for Smell and Taste）學者琳達．巴多夏（Linda Bartoshuk）一九九三年的實驗結果顯示，味蕾的數量是關鍵。當時，她將受試者的舌頭染成藍色，以細數其突出的舌乳突數量。結果，每個人的舌乳突，無論是數量或大小的差異都非常大。舌上布滿小小舌乳突的人，在稍後的味覺測試時會超級敏感，當他們嚐到簡稱PROP的苦味素丙硫氧嘧啶（Propylthiouracil）時，會叫苦連天，但其他人可能沒啥特別的感覺，或只覺得有一點點苦。所以，巴多夏把這些人稱爲「超級味蕾者」（supertaster），所謂的美味達人。「口味感受特別強烈的人，」她表示，「生活在一個五光十色的飲食世界裡，處處都有霓虹燈閃耀，其他人則彷佛住在較爲柔和的粉彩世界裡。」

美國基因學者莎拉．堤許可夫（Sarah Tishkoff）曾研究非洲各族群間的苦味偏好差異，她吃驚地發現，苦味受體在基因發展上有非常多種形態。因此，以基因的角度來看待超級味蕾者，就可以解釋，爲什麼敏銳的口味經常是由父母遺傳給子女的。若你的孩子是個**挑食鬼**，對食物精挑細選到只吃麵條，那他可能就遺傳到超級味蕾者的基因了（而且很有可能，這孩子也有很多挑食鬼親戚）。如同眼睛顏色與性別一般，孩子的舌頭生成也有多種遺傳變異，他們常會覺得蘋果太酸、醃黃瓜太鹹、葡萄柚太苦或焦糖口味的糖果太甜，因爲超級味蕾者對口味的強烈感受可不是只限於苦味。

儘管如此，這些食物（或許除了焦糖口味的糖果之外）應該值得我們再給它一次機會——有種方法可以讓我們喜歡它，那就是「習慣化」（habituation）。一而再、再而三讓刺激呈現，可以形成習慣，並讓我們最終有能力去忽視這個刺激。或許咬下去的第一口非常強烈且難以忍受，但第四口、第五口之後，那種強度就會明顯下降。無怪乎，所謂的分子料理總是愛以一小份一小份，但總類非常繁多的方式上菜了。

不過，若誰自小就能毫無懸念地吃下法國康門貝爾乳酪、苦苣菜與德國鹹味棒，大概就不屬於這只占二十五％人口的超級味蕾者之列，他們可能是口味一般，占了五十％的普通人，或是另外那群味覺遲鈍者（二十五％），這群人明顯比較食不知味。也因爲如此，這些人通常很勇於嘗新。「我要吃遍我沒吃過的東西」這句話，他們往往不假思索就會脫口而出。而超級味蕾者這類人就恰恰相反，除非，有天他們克服了小心翼翼的天性，把天賦異稟的味覺當作專業，成爲廚師或是餐廳評鑑人，才有可能多方品嚐美食。

結論：若你家孩子只愛吃麵條配番茄醬，千萬別太苛責他。他可能只是舌尖上的味蕾太多而已。

06 Der Ananas-Irrtum

鳳梨謬誤

我們認知中的鳳梨，就是眞的鳳梨嗎？不不不，非也非也。要如何具體描述鳳梨，到底它是如何香甜多汁、纖維質有多豐富，或者質地怎麼滑嫩、舌尖碰觸到的感覺如何刺痛，對於這個水果的所有記憶，完全在於我們個人的獨特味覺體驗。尤其，第一次是與哪一種形態（加了味過的、包裝好的或是原味）的鳳梨相遇，更直接影響了我們對鳳梨滋味的期待。若你的鳳梨初體驗是來自罐頭，並且是那種和火腿一起鋪在吐司上，再蓋片起司送進烤箱焗烤的鳳梨，那麼，你就是夏威夷吐司寶寶。這種料理方式的好處是，能掩蓋鳳梨的淡淡鐵罐味，但若有誰以爲這種人工鳳梨味就是鳳梨，而且還很愛這一味，那麼，哪天他咬下第一口新鮮鳳梨時肯定會驚嚇不已，甚至會想這鳳梨是不是有問題。

說起來，我們愛吃什麼、拒吃什麼，每天餐桌上會出現或絕不會有什麼菜色，都是我們在特定飲食文化圈裡社會化的結果。在泰國小村莊土生土長的人，他們所喜歡的食物，與成長於瑞士山區、童年回憶滿腹乳酪火鍋與燕麥多穀片的人，喜歡吃的東西鐵定大不相同。即使是在同一個飲食文化圈裡，因爲教養、學習過程、經歷與天性（請參見第五章）

等種種原因，每個人也都會發展出獨特的口味好惡。其實，我們每個人都經歷過那個**挑嘴**的階段：十八至二十四個月大時，會出現特別嚴重的「恐新症狀」（Neophobie），也就是人天生會對新事物心懷恐懼。一直到五歲左右，我們多半會持續處在這種疑懼的狀態中，當今許多做父母的都對此感到很抓狂，但這卻是在確保我們的生存本能。

「家庭」正是左右我們口味的力量，父母及兄弟姊妹的飲食喜好會成爲我們的樣板，並逐漸形塑成我們自己的口味——心理學上稱之爲「重複曝光效應」（Mere-Exposure-Effekt），「嚐過的滋味，會誘使我們一嚐再嚐。」德國營養心理學家福克・普德爾（Volker Pudel）指出。會這麼做，其實也牽涉到我們內心的安全需求，因爲嚐過的食物我們知道它的味道，不用承擔潛在的負面後果。「人類選擇某樣食物，通常**不是因為喜歡**，而是因爲吃過。」還有，若要再進一步補充說明的話，那就是，人類會發展出對某種口味的偏好，可不僅僅是「重複」可以解釋，其過程應該要更複雜，而一再的重複也有讓感官鈍化之虞。想想我們愛吃的食物總會在心中占有一種特別的地位，只因爲我們不是每天都吃得到。這種特定的感官飽足作用來自於生物演化上的機制，爲的是保護我們不至於因只攝取單方面的營養，而缺乏充足的養分與維生素。唯一的例外是：母乳。

不過，重複曝光效應的作用也有其限度，有時甚至完全不靈光。假如某樣食物帶給某人的經驗已經過於負面，這時就算要他不斷吃那樣東西，也改變不了他心中對此物的抗拒。但是在養育孩子的過程中，重複曝光效應還是值得一用。孩子今日無論如何（而且毫無理由）都拒吃的東西，在日後不斷端上桌，並給予足夠的刺激後，或許會有得到他青睞的一天。至於該如何幫助孩子養成健康的飲食習慣，威爾斯心理學家大衛．本頓（David Benton）有如下建議：「進食的情緒很重要。吃飯時不要聊不愉快的話題。如果孩子不想吃，也不要處罰他。逼迫孩子吃下某種食物，只會讓他更不喜歡那個東西。害怕新食物的反應是很正常的，不要因此就予以懲罰。天底下的父母都要注意囉，千萬不要把富含能量的食物作為孩子的獎賞，要鼓勵你的孩子去傾聽自己的飽足感。如果他們想吃，當然可以把盤子清空，但要讓孩子自己決定要吃多少，或是每次只給他們少一點的量，一次一次給，直到他們覺得飽了為止。」

結論：如果以上這些建議都無效，那麼就回想一下，自己從小到大已經花了多少功夫去接受各種不同口味，並且仍然持續學習中——看看那個對鳳梨的誤會吧。

所有事物都自有其發展時程，有些口味的體驗也是。

07 Schlank in 30 Tagen?

三十天變苗條？

我其實平常都吃沙拉的，不過我不能吃太多，因為對我的血糖值不好。

在你吃吃喝喝的人生裡，很有可能已經出現過無數種瘦身飲食法。更常發生的狀況是，每個新方法都讓你一開始興致勃勃，最後卻沮喪地收場。三十天比基尼纖瘦法無效？低碳水化合物與蛋白質減重法也不行？連鳳梨飲食法都毫無起色？這麼說來，你算是減重失敗者囉！

這當然是胡說八道啦，不過幸好我們還有閱讀文字的能力。多年來，以色列雷霍沃特的魏茨曼科學研究院（Weizmann Institute of Science）致力於一項十分繁複的研究，受試者足足有八百人之多，轟動一時。在長達一週的實驗期間內，受試者每五分鐘就得量一次血糖，並用APP回傳他們的睡眠與飲食行爲、感到壓力的時刻、運動或其他活動等細節。

實驗結果顯示：「坊間流傳的營養與瘦身飲食法，內容大多有待商榷，而且效果很有限。」一種米養百樣人，某人吃了會健康的食物，其他人吃了卻不見得有同樣效用。這聽起來像陳腔濫調，但營養學家確實老愛把大家一視同仁。「有些受試者明明吃了一樣的餐點，反應卻截然不同。」魏茨曼科學研究院的生物學家西格爾（Eran Segal）表示。顯然，營養學家仍然沒有正視個別差異有多大的這個事實。西格爾進一步指出另一個大漏洞，從受試者的狀況可以看出，有人是吃了番茄後血糖值迅速飆高，另一個人卻是因大嚼壽司才讓血糖值飆升，甚至比吃冰淇淋的影響還大。對這樣的人來說，說不定早餐給他一個杏仁霜可頌才是正確的。

為什麼呢？因為據科學家研究，腸道菌群扮演舉足輕重的角色，另外諸如年齡、BMI及運動習慣，都會影響血糖值表現。所以，若想控制過高的血糖值，並沒有所謂眾人通用的飲食建議，而是得依個人狀況量身打造。「面對過重及糖尿病等流行病，或許我們的態度根本就錯了。我們的作法像是完全知道該怎麼對付這些症狀，只是大家不聽勸，也不肯好好控制飲食。但事實上並非如此，就算我們真的有好好聽取大家的需求好了，卻往往給了他們錯誤的建議。」

上述說法簡直讓人不敢置信。某方面啦，另一方面，卻剛好讓我們一窺科學史的真實面貌。那就是，所有的研究結論都並非堅不可摧。昨天還被我們視為有害且列入黑名單的東西，明天媒體就有可能大肆宣告盡量吃沒問題。這世界不斷有食物以嶄新的一面出現在世人眼前——想想被汙名化說會竊取人體水分的咖啡吧，還有含鐵量小數點被錯置的菠菜，科學論文裡寫得比盤中的菜還營養。

所以，瘦身專家雖然切合了大家追求完美的需求，但端出的內容卻是唬人的居多。美國心理學家崔西・曼（Traci Mann）在其著作《飲食實驗室的祕密》（*Secrets from the Eating Lab*）一書中，抽絲剝繭地拆解了那些內容。不過她書中的某些說詞形同下戰帖，想必也惹到不少瘦身專家。而且她喜歡打開天窗說亮話，所以開章明義就寫著：「瘦身飲食沒有效。」因爲，拿我們的基因來說好了，基因跟我們的（過重）體重是有密切關係的。若父母是胖子，自己也圓滾滾過一生的機率就會比有瘦子父母的人高。崔西・曼認爲，基因在體重控制上扮演了不容忽視的要角，「大部分人的體重浮動範圍都是基因設定的，若我們想往上或往下超越這個範圍，身體就得拚命奮戰才可能達到。」

此外，意志力也得在我們的瘦身計畫裡記上一筆。這種例子比比皆是。想想，要遵照某種飲食規畫，往往也意味得努力撐下去，讓自己成爲自虐狂。於是，耶誕節來點奶油餅乾與薑餅嗎？不要！新鮮義大利麵條佐牛肝菌？不行！白麵包塗巧克力榛果醬？不可以！比利時鬆餅？想都別想！其實，越多不可以，我們就越難控制嘴饞的欲望，反而更增強了對那些食物的渴望。即使是苦行僧，有時也會拜託大家減少對他的誘惑呢。古希臘史詩中的英雄尤里西斯（Odysseus）還得想出用蠟封住水手耳朵，並把他們牢牢綁在船桅上的計策，才能助大家在海上順利逃過水妖歌聲的迷惑。別把這些場景搬到自己的生活中上演吧。

至於，這種自我克制到底有多險惡與傷元氣，就由加拿大英屬哥倫比亞大學（University of British Columbia）的心理學家英格麗・費德洛夫（Ingrid Fedoroff）爲我們做實驗示範一下。實驗中，參與者得先在瀰漫披薩香氣的地方待個十分鐘，接下來，他們就可以大吃特吃——想吃多少就吃多少。結果，有意思的是，那些平常在飲食上十分注意且非常努力克制的人，這時竟然吃得特別多。有道是「通往地獄之路往往是由善意鋪成的」便是如此。無論是夢想多存點錢、希望自己多做點運動，或是想瘦身減重——經常引來的卻是那些讓人能立即滿足的小確幸行爲。

結論：但大家可別誤會了，我們可不是鼓勵你把那些良善的飲食建議全部拋諸腦後。我們又不是被下了過重的詛咒，一堆成天在耳邊嗡嗡響的飲食禁令也起不了太多作用。因爲，瘦身計畫都有一個最大的弱點，就是保證立即見效，但成果大多無法持久（關鍵字就是「溜溜球效應」（Yo-yo Effect））。所以，來個全方位的飲食習慣大變身，可能還有希望一點。不然，就仿效日本老祖宗的智慧吧，「Hara hachi bun me」，也就是「吃飯吃八分飽就好」。

08 Keine Angst vor Kohlenhydraten

别怕碳水化合物

荒島求生，你該帶什麼食物？

你決定要出走，不是一輩子，而是一年。這一年你會在荒島上度過，而你只能帶水與一種食物前往。現在，請在以下的選項中，挑出你覺得帶去荒島可以幫助求生的食物：1、玉米；2、苜蓿芽；3、熱狗；4、菠菜；5、桃子；6、香蕉；7、牛奶巧克力。你決定要帶哪一種呢？

多年前，心理學家保羅．羅津對一群美國人提出這個問題。結果，香蕉拔得頭籌，有四十二％的得票率，接著依序是菠菜（二十七％）、玉米（十二％）、苜蓿芽（七％）、桃子（五％）、熱狗（四％）與牛奶巧克力（三％）。答案揭曉，真正可以幫助大家在荒島上存活的食物，總共只得到七％的認可，也就是熱狗與牛奶巧克力。爲什麼是它們呢？這兩樣東西都富含脂肪與碳水化合物，以爲身體儲存能量的角度來看，稱得上是一頓大餐。畢竟在荒島上我們要拚的是活下來，而不是減肥。香蕉雖然富含胺基酸與色胺酸，可產生令人心情愉悅的血清素，但頂多只有短期效用。至於菠菜竟然獲得這麼多人青睞，想必與大力水手卜派有關，因爲人家光徒手把菠菜從罐頭裡擠出來呑下去，就力大無窮了。

或許光憑直覺，我們多半會選擇那些健康又營養的食物。這個研究也顯示，我們在不知不覺間已自動爲食物貼上各種標籤，諸如「健康」、「不健康」、「危險」、「不危險」、「可以吃」、「不可以吃」之類——而且，有時也說不上是什麼理由。脂肪就是個好例子，羅津指出，一般的飲食觀念認爲就算只攝取極少量的脂肪，就如同吃了毒藥。這種想法值得深究。更不用說，脂肪根本不等於肥油，也毋須每次想到脂肪，就如臨大敵地覺得會變胖或罹患心血管疾病。「吃個東西要擔心那麼多，才是不健康的。」羅津又說。

確實如此。在各種飲食健康指南與警告的長期大放送之下，恐懼與不安已散播至各家廚房，讓大家難以放鬆地享受食物。美國暢銷飲食作家麥可・波倫（Michael Pollan）在其著作《食物無罪：揭穿營養學神話，找回吃的樂趣！》（*In Defense of Food: An Eater's Manifesto*）中一針見血：「三十年來，各種飲食建議只讓我們更胖、更多病、更營養不良。這是我們當前的困境。」

結論：看來，若我們受困荒島，恐怕只會帶著一手爛牌。到頭來，我們只會慘兮兮地坐在一堆苜蓿芽前一籌莫展，完全無法起身去採集或打獵——因爲，沒有力氣。

09 Der Rohkost-Irrtum

生食謬誤

烹飪讓我們更聰明

和人類一樣，如果有煮熟的地瓜可以吃，黑猩猩就不會想吃生的。這乍聽之下沒什麼好驚奇的，畢竟我們身上有九十八・五%的基因組是相同的。但問題是，爲什麼黑猩猩就是不會站到爐前，幫自己煎顆荷包蛋呢？美國人類學家理查・藍翰（Richard Wrangham）指出，這個答案再明確不過了：正是烹飪的文化技術，讓我們之所以成爲人類而不是黑猩猩。若不是爲了煎炒煮炸，我們恐怕還不能直立行走，說不定到現在都還攀坐在樹上呢。這位哈佛大學的教授還在其著作《找到火：烹調使我們成爲人》（*Catching Fire: How Cooking Made Us Human*）中寫道，烹飪是人類基因中與生俱來的技能。依此類推，人類也被設定爲應該攝取熟食，就像牛天生注定要吃草一樣。這種說法，在這個微波與工業化食品盛行的時代，聽起來好像有點陌生。畢竟，電視上的烹飪節目雖然大受歡迎，但比起自己去下廚，大家更愛輕鬆窩在沙發裡，看著別人一邊閒聊，一邊熟練地切切煮煮。所謂的做菜，對當今許多人來說，或許就是把冷凍披薩送進烤箱裡這麼一回事。不過，火的發現與烹煮熟食的行爲，卻爲我們人類的智力發展奠下了基礎，包括幫烹飪節目擬腳本都需要這樣的能力。

說起來，人類遠祖自生食過渡到熟食，實在是營養攝取效益上的一大幸運：否則，光是咀嚼堅韌的植物纖維就得花上六小時，消化所耗費的能量更多。烹煮後的食物會比較嫩，下肚後停留在胃中的時間縮短，讓人體吸收的養分也會提高。而後，消化器官逐漸縮小，攝取熟食所省下的能量就能供給大腦發育。所以說，烹飪讓人類變得更聰明就是這個道理。

義大利帕爾瑪大學（Università degli Studi di Parma）★的研究結果顯示：生嚼紅蘿蔔，人體對 β—紅蘿蔔素（Betacarotin）的吸收率爲一％，但若是煮熟再吃，人體吸收率可達三十％。地中海飲食中的香料，例如百里香、迷迭香與鼠尾草，都是經由熱度發揮保護細胞的功效。紅蘿蔔、青花菜與節瓜，也是在加熱後可提高其整體的抗氧化作用。該研究負責人妮可蕾塔・佩勒吉尼（Nicoletta Pellegrini）的結論，恰與藍翰所提出的「人類烹調理論」（Human Cookivore Theory）相應證：「理想的料理方式可增進蔬菜的營養品質。」

烹煮具有一個至關重要的優點，即可以分解毒性、消滅病原體，並有防腐的功能——肉類烹煮後可以保存較長的時間，因此不需要急著把手邊的肉吃完。「烹煮行爲的出現，徹底改變了我們的飲食方式及社會行爲。」藍翰指出。原始人不再如黑猩猩般單獨進食，他們會圍坐在火堆旁共享美食，無論是慶祝狩獵大豐收或在所獲不多時相互扶持，分享戰利品都是他們的習慣。另一方面，大家也苦心思索新的烹調方式與料理器具，例如用尖銳的石頭做刀子，以石板岩爲平底鍋，再拿龜殼充當鍋子。婦女組隊外出採集，並一起烹調。而男子們，也組隊出門打獵。藍翰認爲，這樣的男女分工之所以能順利運作，正是因爲食材必須經過烹煮：「一個在外辛苦了一整天的獵人，回到家後若能享有一頓熟食晚餐，飢腸轆轆的感覺很快就能獲得安撫。反之，如果等著他的是份一整塊的生食，問題就大了。」因爲在他終於能躺下睡覺前，還得先奮力嚼嚼嚼直到地老天荒。

爲了支持這種複雜的社會變遷，大腦功能得做出相當大的調整。美國腦神經科學家高登・謝菲爾德（Gordon M. Shepherd）推測，煮熟及發酵食物所散發出的多種氣味進入鼻腔後，觸發鼻後嗅覺，「人類獨一無二的大腦味覺系統」才得以建立。食物的香味最終也影響了無數的神經程序，像是情感、記憶、語言與感官調控及胃口等。

所以說起來，烹調這件事的發明，實屬人類歷史上最偉大的篇章。而我們現在，這麼輕易就把這個文化成就拱手讓給工業化食品，所遺落的將是我們自己的一大段歷史。更別提我們總是把那些人工反式脂肪、精緻糖、鹽及缺乏營養的白麵粉塞進自己肚裡了。難怪我們會越來越多病，體型也日漸臃腫，家裡養的寵物也跟我們一模一樣，因爲大家都給牠們吃工業製成飼料。而最有益健康的，當然是選用新鮮的天然食材來烹調，這個事實早就明擺在眼前。

結論：烹飪之事正面臨危機。現今許多人遠離了庖廚，談起美食和營養來卻又頭頭是道，真是矛盾之至。但說到吃的藝術，真的不能只是嘴上說說，還是得實際走進廚房。所以，起碼偶爾下下廚吧，而且當然是男女皆宜。

★譯註：位於義大利帕爾瑪（Parma）的大學，歷史悠久，可追溯至八、九世紀。該地特產為著名的帕瑪森乾酪與帕爾瑪火腿。

10 Die Unhealthy = Tasty-Intuition

不健康的食物＝直覺上的美味

為什麼不健康的食物那麼好吃

假設，你面前的盤子上有兩種餅乾。一塊是燕麥餅乾，另一塊則是焦糖巧克力餅乾。你猜，哪一種比較美味？

或許你會憑直覺就選了巧克力餅乾——因爲你已經被不健康食物＝美味的認知綁架了。這種不健康食物就是讚，而且一定比健康食物更好吃的概念，不僅眾人皆知，而且根本就是我們從小被強加訓練的結果。聽聽這些說詞：如果你乖乖把碗裡的青花菜吃掉，飯後就有香草布丁吃！不然再多吃一塊青椒，這樣你想吃多少布丁都可以！都是先被折磨再享受的概念。不知這樣是要孩子如何學會愛吃青菜？因爲他們從小就被明示暗示地教導，吞下紅蘿蔔與球芽甘藍是一種必要之惡，因爲最好吃的東西總在這之後出現。

無數的研究顯示，光是被告知今日菜單是健康料理，大家心中對美食的期待就會驟減。美國德州大學（University of Texas）曾做過「芒果拉昔實驗」，結果顯示，若事先告訴受試者這是一種健康飲料，他們就會覺得不太可口。但若跟受試者強調這種飲料的卡路里爆表，他們喝後反而會讚不絕口。

把這種現象歸因爲基因設定，說人類天生就是愛吃糖與脂肪，並無法簡化眞相。事實上，整件事唯一的受益者就是食品製造業，他們奪取了我們對食物的印記，另創飲食的篇章。美國食品科學家史蒂夫．惠特利（Steve Whitley）在其著作《爲什麼人類愛吃垃圾食物》（*Why Humans like Junk Food*）書中提到「動態反差」。明亮與黑暗、甜與鹹、清脆與柔嫩這些詞，對於大腦的刺激特別大。所以那種入口暖呼呼又酥脆唰嘴的食物，還眞是一大發明。這種終極口味的最佳例子，就是墨西哥起司玉米片，完全就是食品添加物的大集合，舉凡糖、鹽、麩胺酸（Glutamat）、檸檬酸、辣椒粉、洋蔥粉與蒜頭粉，以及各種不同的乳製品都在其中。所以不健康的食物才會這麼好吃，不僅讓我們瞬間精力充沛，而且還有種紓壓感。大腦把這些資訊都儲存了，於是時不時就會鼓動我們去弄些垃圾食物來吃。這股饞勁一上來，即使是三更半夜也勢不可擋，既然所有超市都關門了，那就只能開車去找間加油站買囉。★

那我們有辦法改善這個狀況嗎？

答案是可以的，透過教育。德國基爾大學（Universität Kiel）的研究人員證實，提高眾人的健康意識，就能破除健康食物比不健康食物難吃的成見，只不過若是你被某食品聲稱的健康功效打動，還是會陷入理智與美味的天人交戰。對此，研究人員表示：「提高眾人的健康意識，也無法撼動口味聯想過程的自發啟動機制。」意思是說，即使影響了眾人對健康食物的理解，也無法進一步讓大家真心想放入口中。

不過，就算如此，也毋須感到氣餒。起碼在法國，人家就是反其道而行——他們是真的覺得健康食物的滋味更美好。法國格勒諾勃大學（Université Grenoble）的研究人員說，這就是法國人的品質意識。法國廚師絕對會選用天然香草與佐料入菜，配上新鮮的蒜頭與紅蔥頭，來取代人工香精。經由他們精心調配的沙拉，番茄切成小塊，再加上細細剁碎的檸檬皮與香草，一入口，舌尖上立時香氣四溢。

結論：毋須搬去法國就能戰勝不健康食物＝美味的迷思，只要我們能因法國料理而有所啟發，那就夠了。

★譯註：德國沒有二十四小時營業的便利商店，若是超過一般商店營業時間還想買東西，只有找到日夜均營業的加油站才有可能解決（並非每間加油站都如此）。

11 Macht Ihr Partner Sie dick?

幸福肥

口腹之事不僅能牽動彼此的愛意，也能透露出仇恨。雖然令人心痛，卻是不爭的事實。而一切的沉淪，通常都從微不足道的小事開始，君不見一九八九年那部好萊塢黑色喜劇電影「玫瑰戰爭」（*The War of the Roses*），凱薩琳透納（Kathleen Turner）與麥克道格拉斯（Micheal Douglas）飾演一對拔刀相向的夫妻，淋漓盡致地道出箇中滋味。原來，所有初相識的柔情似水，到頭來往往只能以一場爭戰作結。

起初，只是對方吃飯的樣子、怎麼拿刀叉，吃東西嘖嘖作響或頭偏一邊，任何芝麻綠豆大的小事突然都成爲看對方不順眼的理由。然後，啃雞骨頭的方式！削蘋果的樣子！還有囫圇吞棗的吃飯速度！那些初相識時覺得動人有趣的特點，現在通通讓人煩躁。一旦面具卸下，也意味軍備競賽即將展開，並隨心中鄙夷的遽增陸續登場。例如凱薩琳透納與麥克道格拉斯合演的這一幕：某天晚上，女主人在家宴請賓客，就在眾人欣喜坐定，等待主菜上桌之際，麥克道格拉斯突然走進廚房，拉開褲襠拉鍊，非常淡定地把尿撒在鮮魚料理上。

這當然是太超過了，不過也告訴我們，飲食是件多麼撩撥心緒的事。想想那些剛墜入情網的戀人，在餐廳用餐時，往往非常樂意與對方分享盤中美食，無論是牛排、炸薯餅、大蝦或義大利甜點薩巴里安尼（zabaglione）都理所當然地共享。還有那種渾然忘我要對方放下刀叉，你一口我一口餵將起來的情侶，反正就是一種你儂我儂的概念。若對方是個肉食主義者，自己就突然也愛吃肉了起來，若是他愛吃內臟料理，我們就會努力忍下對豬腰、豬肝的嫌惡感。共同進餐讓彼此有了一體感——而且那感覺非常深，所以，若兩人共築了愛巢，女方就會不知不覺開始發號施令，想要貫徹一些生活守則。而等一切漸漸就緒，兩人的感情也更穩定後，腰間那圈贅肉，也就是俗稱的「幸福肥」（love handles）就會慢慢滋長。以上的結論出自英格蘭新堡大學（Newcastle University）對伴侶間飲食行爲的研究。那麼，共同生活對男性的效應是什麼呢？顯然，大多是正向的。因爲，通常女性比較有健康飲食的概念，所以男方會因此受益，吃下較多的青菜水果，不再幾乎餐餐以冷凍披薩與啤酒配電視果腹——男人獨居時通常就是這副德性。

不過，他們雖然可以吃得較爲健康，對於體重維持來說也是件好事，但這種生活方式也暗藏衝突。「餐桌上，」法國社會學家與暢銷書作家尚克勞．考夫曼（Jean-Claude Kaufmann）指出，「讓彼此關係初步成形，但也是反映兩人現狀的地方。食物就像一個晴雨表，隨時顯示出伴侶間關係的好壞。」危機迫近時，用餐之際就有可能讓情勢更加尖銳，「不論心情好壞，這時兩人的距離就是近在咫尺，圍坐在餐桌旁，便有種被迫親近的感覺，所以很多爭吵都會在餐桌上開場。」所以，爲了維持家庭和睦，吃飯時最好避開政治、宗教、親家、感情問題等地雷話題。曾聽一位朋友說，有陣子，每次吃早餐時，她男朋友去廚房倒咖啡都要帶著自己的那盤煎蛋——怕她把蛋偷吃掉。那時，也正是他們的關係開始出現危機之時。感情一旦出問題，分享習慣也會跟著徹底改變。「南美洲印地安人有種作法，」瑞士文化研究學者華特．萊姆古柏（Walter Leimgruber）指出，「女方若想離開丈夫，就會停止爲他作飯。同樣的，若男方想表達離婚的意願，也會不再吃老婆煮的菜。」所以，如果想藉由打開電視，來化解吃飯時的尷尬氣氛，還是算了吧，不會奏效的。冷戰的殺傷力絕對不亞於言語暴力。

不過，還是有辦法避免那種劍拔弩張的。十九世紀的法國美食家薩瓦蘭（Jean Anthelme Brillat-Savarin）在其著作《美味的饗宴》（*Physiologie du Goût*）中便有所闡述。這位正職爲法官的美食家花了二十五年才完成此書，一八二五年終於得以在巴黎出版，上市後便佳評如潮。他在書中寫道：「曾經共享的美食體驗，已成爲影響兩人婚姻幸福的關鍵。」因爲，一對重視美味的夫妻，就會希望每天至少能共進一餐，「即使他們不再睡在同一張床上——這也不算少見——至少還坐在同一張餐桌前吃飯。他們會邊吃邊聊，除了日常瑣事，也聊現在正在吃、過往曾經吃過的東西，以及最近看到別人吃，好像很夯或是口味創新，一定要找機會去吃吃看的料理。」不過，眾所皆知，會擦槍走火的往往也是這類閒話家常。

結論：別小看餐桌上的和睦之道。兩人聊著聊著，有時不免扯到關於吃的所有大小事（準備煮什麼、買菜、下廚等等），一不小心就會誤踩地雷區。所以，不如來份**幸福肥**就好，而且別忘了，要兩人共享——請謹記薩瓦蘭之言。

12 Der Supermarkt

超市老闆不會告訴你的事

每人平日裡習慣去的超市，就是個人食物半徑內最常造訪的場所（請見第二章）。但我們一踏入那裡，就得準備與我們的敵人——也就是超市老闆奮戰，因爲他想的往往和我們不一樣。皮包裡的購物清單上，明明都寫好了牛奶、麵包、優格、青醬、蘋果與青蔥，我們只想速戰速決搞定買菜這件事，老闆卻希望我們待得越久越好，最好沿著貨架慢慢走，順便帶點新產品回家。而且，爲了讓我們淨買些原本不需要、也不想要的東西，他們還精心用上了許多心理學伎倆。這是大家都知道的事情，所以，我們也一直以爲，自己對那些遜斃了的行銷手法瞭若指掌，絕不會上當。可惜，大錯特錯！努力保持理性，並不代表可以完全免疫。

超市商品的擺設依循一定的原則，這很容易理解，如此，無論我們來到世上哪一間超市，都能很快摸出頭緒，絕對不會一進門就撞見堆積如山的捲筒衛生紙與面紙。第一印象極其重要，而且一定要傳達出新鮮的訊息：撲鼻而來的麵包香味，以及精心排列過，看起來清脆又可口的蔬果鐵定是首選。有時，還會看到從噴嘴飄散出細微的水珠滴落在蔬菜上，菜葉於是看起來特別清新翠綠——不過，這其實只會讓蔬菜腐壞得更快。

同樣的準則，也適用於水果，像是香蕉，也有一套專屬的理想化程序。「無論香蕉的顏色變得多可疑，都有一定的售出價值。」丹麥神經行銷學（Neuromarketing）專家馬汀．林斯壯（Martin Lindstrom）在著作《品牌，就是戒不掉！》（*Brandwashed: Tricks Companies Use to Manipulate Our Minds and Persuade Us to Buy*）中如是說。銷售數字告訴我們，「顏色為 Pantone 色號 13-0858 活力黃的香蕉，銷售量比顏色為色號 12-0752 奶油花黃的香蕉少，因為後者帶來的視覺效果比較溫暖，讓人覺得更為成熟好吃且新鮮。」

此外，冷藏櫃通常被擺在超市最深處的角落，這也是其來有自，因為乳製品是最熱門的商品（專業術語叫「快速消費品」）。所以在抵達那裡之前，最好先讓顧客途經無數產品的誘惑。而且，售價較高的知名品牌多放在與視線平行的高度（約一四〇至一八〇公分），較為實惠的產品，則擺放在所謂的彎腰—起身區（麵粉、糖之類）。

但大多數的時候，價格並不決定一切，「我們通常會伸手去拿跟自身有情感連結的商品，我稱之為『軀體標記』（Somatic marker）。類似瀏覽器上的書籤列，只要點一下就會連到某個特定網站。大腦中也有這種書籤，會讓我們總是購買特定的品牌，也許是因為兒時的美好記憶，或是因為其他的正面經歷。」林斯壯指出。例如嬌生嬰兒爽身粉的香氣，應該就是全世界最受歡迎的味道了。

如果你從來沒好好瞧過超市的地板，建議你下回看個清楚：地板的結構會影響我們行進的速度，若顧客推著購物車行經許多些微的凹凸不平，會誤以爲自己走得太快，便會不知不覺放慢腳步。如果再配上緩慢的音樂，就會讓人走得更慢，這樣才能提高顧客隨興購買的機率。

另外，很多超市都會設置試吃攤位，放些火腿、乳酪或其他小點心，爲的是促銷某些特定產品，這個大家都再清楚不過。不過大家有所不知的是，這裡頭也隱藏著一種禮尚往來的概念，藉此營造那種讓人想掏錢購買的氛圍。「『互惠』其實是一種源遠流長的生存方案，」瑞士暢銷作家魯爾夫．杜伯里（Rolf Dobelli）在《思考的藝術》（*Die Kunst des klaren Denkens*）中如此寫道，「它的基本原理很簡單，就是『我幫助你，你幫助我』。」美國心理學家羅伯特．齊歐迪尼（Robert Cialdini）曾經深入研究過這種「互惠」的現象，最後他得出結論：人類天生有種不想虧欠別人的心理。因此，許多人略施小惠的背後，其實蘊藏著一種「柔性施壓」。身兼記者與消費評論作家的萬斯．帕卡德（Vance Packard），早在一九五七年時便在其著作《隱藏的說服者》（*The Hidden Persuaders*）一書中提及這種「無意識的掌控」，這本書持續高踞《紐約時報》暢銷書榜達十年之久。

如今，這種操作已經變得無所不在。林斯壯指出，雖然目前仍是視覺行銷的天下，但未來，卻是多重感官行銷齊下的時代。「有人曾以英國一間超市的葡萄酒區做實驗，在第一週播放手風琴香頌，第二週改放管弦樂。結果，雖然這充其量不過是在操作各民族給人的刻板印象，卻仍直接反映在銷售上：第一週法國葡萄酒的銷量超好，第二週則是德國葡萄酒較受青睞。」

結論：看來，要想對抗超市的銷售伎倆，只能自己備好眼罩、耳塞，再加上把眼神死盯著採買清單才能因應了。

13 Der Priming-Effekt

促發效應

「多吃點魚跟巧克力蛋糕啦!」生意清淡的餐廳老闆，一定恨不得可以這樣對客人喊話。不過，最好還是稍微展示一下名店的幽默感，老闆決定先在修辭上下點功夫。於是乎，菜單上的餐點名稱從此有了嶄新的面貌，魚排稱爲「鮮嫩多汁義大利菲力海鮮」，而巧克力蛋糕，則化身爲「比利時雙料巧克力黑森林蛋糕」。雖然不免令人狐疑，黑森林是迷失在比利時了還是怎樣，不過，卻也巧妙點出了，這是道經典黑森林櫻桃蛋糕佐以全世界頂級比利時巧克力的傑作，讓這道飯後甜點得以華麗登場。

廣告要直擊消費者的潛意識，才能發揮其效果，像比利時巧克力這種提示性的刺激，便足以引發左右購買意願的重要聯想，認知心理學上稱之爲「促發效應」(Priming)，也就是一種無意識的提示。促發作用好比猜謎遊戲，顏色、旋律、味道，或者是一個語詞都能成爲刺激，讓記憶成爲一個完整的畫面。所以，這裡傳達給消費者的，不是明確的資訊「巧克力蛋糕」，而是「比利時巧克力」的性格描述，這個重要的附加資訊，激發消費者的情緒和認同，根據神經行銷學的研究，這種命名方式可提高二十八%的點菜率。

提到哈根達斯冰淇淋（Häagen-Dazs），你會想到什麼？丹麥嗎？事實上，這個高價冰淇淋根本就不是丹麥的產品，而是出自一家美國公司，由來自英格蘭與波蘭的蘿絲（Rose）與洛本·馬特斯（Reuben Mattus）夫婦於一九六一年在紐約創立。那爲什麼很多人都以爲它是斯堪地那維亞半島的高品質產品呢？其實，這就是一個典型的促發範例。北國風情的名稱，啓動了我們潛意識中對斯堪地那維亞半島的聯想，例如自然風光、新鮮、富設計感，夏日漫長的白晝與高品質。所以我們便不知不覺斷定，這個產品應該跟這些因素相關才對。

而所有被我們歸類於「購買欲望」的，其實是由腦神經所操控的高度複雜處理過程的結果，就如同我們在日常消費環境裡隨時會遇到的。通常，只需要一瞬間的刺激就足以讓我們付諸行動。有個實驗先讓受試者坐在電腦螢幕前回答問題，並在他們不經意間，螢幕上突然閃現「立頓冰」（Lipton Ice）這幾個字，只停留約二十三毫秒。實驗結束後，受試者可以選擇要喝冰紅茶或水，結果，這群人拿起冰紅茶喝的比例，比沒看到這些字的對照組高出許多。若事先給實驗組吃些鹹點，讓他們備感口渴，實驗結果還會更明顯，這個時候，會有八十五%的人捨棄水而選冰紅茶喝。

「我們越了解大腦的運作，就越讓我覺得，我們似乎有必要在《聯合國憲章》（UN-

Charta）裡擬個條款來應對腦神經對我們的操控。」多年前，美國心理學家約翰・巴夫（John Bargh）便如此警告，不過，他可不是因爲冰紅茶誘拐實驗才這麼說。他曾於一九九六年做過另外一個簡單的實驗，證實了促發效應對人類行爲的影響無遠弗屆。他把受試者分爲兩組，並請他們分別以不同的系列詞組進行解題（他們以爲自己在做一種語言測試）。第一組的主題是「老人」，相關詞組爲「健忘」、「緩慢」、「拐杖」、「步履蹣跚」等等；對照組則聚焦於「年輕人」身上，處理的語詞包括「愛運動」、「筋骨柔軟」、「跳舞」、「派對」與「隨興」等等。

測試結束後，巴夫一一向受試者致謝並道別，這時眞正的實驗才暗中登場。從道別處到大門口是九・二五公尺的距離，他暗中測量每位受試者走完這段路的時間。結果剛做完老人相關題目的人，走到門口需要的時間較久，而那些不知不覺受到年輕人主題促發的人，則快了約一秒鐘。

這種無意識行爲上的連結，也可以反過來作用。例如，行爲表現得像老人，思想也會不知不覺去遷就那個年齡。這是德國科隆大學（Universität Köln）研究人員發現的，他們把巴夫的實驗反過來進行，也得到相同的結果。實驗時，他們先請大學生在房間裡緩慢地走上一陣子，最後，再請他們挑出符合當時心境的語詞。

「促發效應，」以色列裔美國心理學家丹尼爾・康納曼（Daniel Kahneman）總結說明，「其意思是，我們的思想與行爲會受到一些我們沒有留意，或根本沒有察覺的刺激所影響。」對此，曾獲諾貝爾經濟學獎的他，將之分爲兩個認知處理層面來談。其一是（無意識的）系統一，包括所有恣意奔放的衝動、聯想與直覺反應。而與之相對照的，則是能邏輯思考、衡量（有意識的）系統二，此系統掌管了我們爲明確目標下決定，以及有意識的思考與作爲。

因此，就算有廣告想直攻大家的系統一，我們的潛意識也不會那麼容易任其擺布。因爲，我們其實常處在一種俗話說的「新年新希望」狀態中，例如，跟飲食相關的種種行爲調整就是。至於，這是怎麼發生的，研究學者凱蒂・莫斯克（Katie E. Mosack）與阿曼達・布魯威爾（Amanda M. Brouwer）爲了找出答案，做了以下實驗。她們把一百二十四位女性受試者分爲三組。第一組人得到一些健康飲食的相關資料，並請她們每天記錄自己的飲食內容。第二組人同樣得每天做紀錄，不過得事先幫自己設定好目標，諸如想努力成爲一個「飲食健康的人」、「我是愛吃水果的人」、「我愛吃蔬菜」或「我是盡量不吃糖的人」等。第三組人是對照組，所以什麼都不用做。

結果顯示，那組自詡在飲食方面健康有度的人，比起另外兩組人來說，行爲上的改變最有成效。其他人的自我設定，若在語意上也接近健康的飲食行爲，在實驗期間也會吃得較健康。「越認同某一個角色，就越可能表現出符合這個角色的行爲。」莫斯克如此做結。

結論：如果還是無法抵擋誘惑，摸摸鼻子吃就對囉，不用良心不安——不過，若下次有人想賣你黑森林的比利時巧克力，還是稍微猶豫一下吧。

14 Der Marketing-Placebo-Effekt

行銷安慰劑效應

為什麼酒中剛好沒有真言

你受邀參加派對，不想兩手空空上門，覺得帶瓶葡萄酒總錯不了，於是立刻就近前往超市選購。站在琳瑯滿目的葡萄酒前，你又想著：紅酒還是白酒好，法國酒或智利酒，黃標還是藍標好？這瓶便宜的酒看起來夠不夠體面，或者，那瓶貴的看起來會不會太廉價？由於時間緊迫，所以最後選定了一瓶中間價位的酒去赴宴。心想，就相信「一分錢一分貨」這句金玉良言吧，雖然格言也不見得那麼可靠就是了。而當你滿心歡喜地把酒遞給主人後，心中又不禁忐忑不安——他看得出這瓶酒是多少錢嗎？主人只是快速地瞥了一眼標籤，像個廚房心理學家般估價（順便估算一下他在你心中的分量），然後給出一個讚譽之詞。連嚐一小口都不用，你們倆就已經對這瓶酒的品質有了定見。

酒後吐眞言？那可不一定。何況你們倆又不想知道眞相——不過要知道，就算是專家也有可能看走眼。在紐約的一場拍賣會上，曾經有幾瓶要價不菲的一九四五至一九七一年份彭索酒莊的克洛斯·聖丹尼特級葡萄園紅酒★被拿出來拍賣，但酒標其實是僞造的。酒莊主人還特地千里迢迢前去指控，因爲在一九八二年之前，這種酒根本就還沒有生產。

至於是不是此款紅酒的高貴滋味引人犯罪，就不得而知了。

讓我們回到尋常的購酒經驗：產地、葡萄品種、年份、釀造方式等等，一般人到底要怎樣才能在這堆資訊裡摸出一點頭緒呢？幸好，還有那個（爭議不小的）帕克葡萄酒評制度（Parker Points）讓消費者參考，選購障礙頓時降低不少。這個制度的給分原則很簡單，評價五十分以上的才會標示出來，高於八十六分算值得推薦，滿分一〇〇分就達到帕克王國的傳奇葡萄酒等級，一如這制度的發明人羅伯．帕克（Robert Parker）本尊般不可思議。通常，一瓶被帕克酒評給了九十九分的酒，身價一夜之間就會大漲四倍。而那些達不到八十分，也就是無法名列「特級酒」的酒，知名的專業雜誌便連提都不會提。不過我們也很納悶：七十九分與八十分的酒，喝起來到底有什麼差別？

其實，即使是葡萄酒門外漢，也可輕易分辨出價格高低好壞的差別，有項研究證實了這個說法。實驗中，德國波昂大學（Universität Bonn）與法國歐洲工商管理學院（INSEAD）的研究學者倒了三種紅酒給受試者試喝，售價分別是三歐元、六歐元與十二歐元。結果，雖然這三款根本就是一模一樣的酒，多數受試者卻有志一同地覺得最貴的那瓶品質也最好，可見價格對口味評判的影響極爲強烈。這稱爲「行銷安慰劑效應」（Marketing-Placebo-Effekt），也就是認爲貴的東西一定比較好的心理，這種思考偏誤用在各種產品上都說得通，君不見花兩百歐元買罐眼霜的也大有人在。

不過，更令人嘖嘖稱奇的是，並不是每個受試者對這種行銷安慰劑的反應都一樣，那些自詡理性的人反而更容易受騙，這能從他們的大腦活動得到證實。我們可以看到，在實驗過程中，這些人腦中的前額葉皮質（präfrontale Contex）活動會增強，此即大腦中負責理性決策的區域。而較不為行銷安慰劑所動的人，他們島葉（Inselrinde）的活動則較旺盛，此處為大腦處理身體訊號的區域。「這些大腦與行為方面的結構並不是天生的，是隨著成長過程而產生的連結，至於會產生何種連結，關鍵在於我們的學習方式。」該研究的負責人表示。若學習方式向來仰賴外來獎勵的引導，便會越容易相信產品所宣稱的功效，而與之對抗的最好方式，便是相信自己的想法。當然這種敏銳度是可以訓練的，特別是對於葡萄酒。美國神經科學家葛雷格．所羅門（Gregg Solomon）發現，葡萄酒的甜味、均衡度、香氣、單寧酸、礦物質與黏滯性等特性，只要逐漸累積品嚐經驗後，便能夠加以辨別。而這種能力的養成，以及用語言來表達口味的能力，比較非關理性，而是與經驗較有直接的關係。

羅伯．帕克便是以精準、老道的品酒語言著名。有回有個品酒師用「聞起來像旅鼠的性腺」來形容紅酒，帕克便毫不客氣地反問他：「請問這世界上，誰的鼻子聞得出這種味道？」

結論：送酒最好送你喝過而且喜歡的。收到禮物的人也會很看重你對此酒的評價，不過前提是他也喜歡你這個人！若你還想進一步討主人歡心，最好再加上帕克酒評的得分，好好利用一下「行銷安慰劑效應」的優點吧！

★譯註：彭索酒莊（Domaine Ponsot）是位於法國勃根地（Burgund）的葡萄酒莊，創立於一八七二年，以生產高品質的紅葡萄酒著稱。克洛斯・聖丹尼（Clos Saint-Denis）是其中的葡萄園，出產的紅酒是葡萄酒界的夢幻逸品，因此特別容易引人做假。

15 Das Trophy-Kitchen-Syndrom
頂級廚房症候群

想買超厲害廚具？請三思！

所謂的頂級廚房，大概就是寬敞到可以穿溜冰鞋滑來滑去，或是櫥櫃大到可以藏到裡面玩躲貓貓的意思。雖然是開放式的，但因爲空間夠大，所以完全不用擔心油煙味會飄到餐桌上去。所有設備的材質都是最高級的，這不用說也知道。據美國飲食文化史教授肯・阿爾巴拉（Ken Albala）在其上千頁的著作《食物聖典》（*The Sage Encyclopedia of Food Issues*）中的說法，頂級廚房的工作檯不能免俗地一定會使用花崗岩、大理石或石英等材質，外加各式各樣的不鏽鋼專業器具，諸如鑲嵌成套的濃縮咖啡機或抽屜式保溫設備等特製小家電，一樣都不能少。另外，廚房中島及舞台般的照明，把玻璃櫥櫃裡的高科技設備映照得閃閃發亮，更是不可或缺。一如其名，頂級廚房不僅僅是做菜的地方，更是一種地位的象徵，是精心設計的展示區，呈現出主人的生活風格與個性。

而流行文化使這種高級廚房蔚爲風潮，也絕非偶然。美國導演南西・邁爾（Nancy Meyer）向來善於在電影作品裡呈現眞實的生活空間，在其二〇〇三年所執導的《愛你在心眼難開》（*Something's Gotta Give*）中，那套有著純白櫥櫃與雞血石流理檯面的閃亮亮廚房，不但吸睛，而且潔淨舒適得讓人想住進去。在這部成功的浪漫愛情片中，男女主角黛安基頓（Diane Keaton）與傑克尼克森（Jack Nicholson）屢屢流連於廚房中，邊做菜邊聊天，也順便調調情，讓導演南西．邁爾儼然成為頂級廚房的另類代言人。美國《建築文摘》（*Architectural Digest*）雜誌，還眞的用了幾頁篇幅報導邁爾的電影如何影響了室內設計風尚。

二〇〇七的《紐約時報》開始探究此種現象的成因，更指出從中生出了一種新的文明病，稱為「裝修後憂鬱症」（Post-Renovierungs-Depression）。意思是說，在大肆整修完畢，廚房看起來完美無瑕之際，那個曾經熱情洋溢、把室內設計當興趣的屋主，這時往往會陷入心靈上的低潮，有點像是父母面對孩子長大離家時的心情。不過，這種打擊可不是裝潢完美主義者得承受的唯一陰暗面，想想豪華的廚房，可是大大提高了進食機會。我們在廚房待得越舒服，就會流連越久，時不時想開開冰箱門，或是隨手就把眼前的東西往嘴裡塞。這景象大家想必都不陌生吧。美國心理學家汪辛克在其著作《苗條源自設計》（*Slim by Design*）一書中指出，《愛你在心眼難開》片中的那種廚房，所傳達出來的就是一種「瞎吃」的文化。汪辛克不僅樂於受邀演講，也常幫忙鑑定廚房的設計，並提供改善意見。俗話說的好：飲食之事非關理性，而是自我欺騙。

所以，如果你的廚房裡擺了張沙發，汪辛克會建議把它搬走。同樣的道理也適用於電視，舒適溫馨的光線？糟糕。iPad 的充電座？時尚又舒適的設計師座椅？同樣糟透了。將諸如洋芋片、Nutella 巧克力榛果醬、玉米片、餅乾等等打開放在廚房檯面上，蔬果卻不見蹤影？超級糟糕。不過，讓廚房空空如也當然更不是辦法，因爲這樣一旦肚子餓，我們就會出門覓食了。另外，汪辛克也不建議把廚房牆壁漆成白色或淡黃色，因爲這兩種顏色都會增進食欲。藍色、綠色、金色或大地色系比較好，南瓜色也不賴，他家廚房牆壁就是這個顏色。

結論：或許，眞的有人會聽從他的建議，把廚房重新設計、粉刷、改裝霓虹燈，把不健康的零食都撤下，換上紅蘿蔔、羽衣甘藍、黃瓜與番茄等，並且盡量少在廚房逗留，只做健康的菜色。

但是，如此一來，廚房的社交複合功能也一併被剝奪了。原本讓大家碰面交流、浪漫約會，甚至上演情欲流動戲碼的場域，現在全沒了，廚房變成一個敵視歡樂與享受的空間，說不定連烹飪的熱情都會一併被澆熄。到底誰會想要這種廚房啊？

16 Die Macht der richtigen Farbe

顏色正確的威力

紅色盤子有助減重？

週末將至，你準備邀請幾個朋友來家裡吃頓飯，當中有些是知心好友，但也有些只算是泛泛之交，有位女性朋友將偕男友出席，而你向來覺得這位先生超級臭屁又沒幽默感，令人難以忍受。但是，身為一位完美的女主人，你當然希望菜色能合大家的胃口——但不是每個人。所以，你開始動腦筋，想要小小撥弄一下訪客的脾胃，其實，你只需要一些前置作業的時間就可以辦到。首先，提早幾天，別等到客人來訪前一天，好好檢視自己的碗盤櫥櫃一番。你看到什麼？大盤子還是小盤子？白盤子？不同顏色的方形盤子？又或者，你只看到那些再普通不過的白盤子——這恰恰就是問題所在。

如果你不想讓那個臭屁的討厭鬼享受太多美味的小牛肉，就別給他白盤子，記得要為他準備紅色的！牛津大學的學者做了神經美食學（Neurogastronomy）研究後發現，紅色餐具會降低我們的食欲，因為紅色讓人聯想到危險——毒蠅傘★是紅的，禁止標誌、滅火器也是紅的。而當人類遇到危險，直覺的反應就是逃跑，沒有人會想到要吃東西。嗜吃壽司的人對此說法一定也會點頭稱是，想想六個鮭魚握壽司放在紅色盤子上，的確不太誘人。

而這麼擺的結果便是：我們會吃比較少，因爲感覺食物沒那麼好吃，「眼睛跟著一起吃」這句話再度獲得應證。

由此可知，食器也是料理的一環，這個觀念似乎還未獲得足夠的重視，但日本人老早就這麼講究了——當法國或其他地方的人還把所有食物一股腦地堆在同一個盤子上時，日本人就已經在爲如何擺盤想破頭了。從來不會有哪間日本餐館，上菜的盤子令顧客覺得太小。近年來，更興起了擺盤藝術的風潮，試圖讓食物看起來更加開胃誘人，不需入口就讓人食指大動。又或者，只要花點心思，就能讓不受歡迎的客人對美食興趣缺缺。

此種觀念，對於認爲餐飲美味與否取決於食材品質與廚藝高低的人來說，無疑是一大打擊。但想想，即使是那種從小就能享受按摩，一公斤要價五百五十歐元的神戶牛排，若是擺在紅色盤子上，再怎麼鮮嫩美味也必定失色不少。飲食畢竟關乎感官，不僅色、香、味，我們還以身去感受與傾聽食物，享受美食可說是全方位的體驗。

就連盛裝甜點也不能隨便抓個盤子來充數，西班牙廚神，也就是鬥牛犬餐廳（El Bulli）前主廚費蘭·阿德里亞（Ferran Adrià）曾主導一項實驗，他準備了草莓慕斯給受試者品嚐；一半的人用白盤子裝，另一半受試者的慕斯則盛在黑色碟子裡。結果，用白盤子吃的人明顯覺得比較好吃——他們嚐到的口味濃郁了十五％，而且甜了十％。

爲什麼會這樣呢？其中一個原因應該是顏色的對比關係。白盤子上的草莓慕斯，看起來就是比黑碟子上的光鮮亮麗。不過，顏色所引發的聯想也是另外一個原因，在我們瞥向盤子的那一瞬間，心裡就已經對盤中之物生出了期待——包括正面與負面的想像。而我們通常會先從最能挑動自己食欲的食物下手，牛排、栗子，甚至是紫甘藍都有可能。

還有一個例子：大家都知道，醫院與安養院所供應的餐點，味道通常不怎麼樣，甚至根本是暗黑料理。不僅聞起來怪、看起來抱歉，吃起來更形同嚼蠟，最糟的情況就是病人直接拒吃。一項同樣是由牛津大學所進行的實驗顯示，英國某家醫院只不過是把米色盤子換成藍色盤子，失智症患者的魚料理進食量就提高了三分之一，想來是因爲整盤食物不再像是面目模糊的不明物體，一望即知是海裡的魚吧。眞是小技巧大功效。

結論：去買些不同顏色的盤子吧。某個你很慶幸自己手中有紅色盤子的時刻，終究會到來。

★譯註：學名*Amanita muscaria*，童話故事裡常見的紅底白點傘狀蕈類。

17 Warum Sie nicht wissen, wann Sie satt sind

為什麼你不知道自己何時飽了

你通常都如何判定，自己已經飽了？是胃開始不舒服的時候嗎？或者是直到盤子空了，雞骨頭堆滿桌時才發現？大多數人都是在肚皮快撐破時，才知道自己飽了，也就是在不斷把食物送進嘴裡，胃已經撐到不能再撐的時候才恍然大悟。我們的胃確實像個無底洞，可以如鍛鍊肌肉那般訓練它，所以理論上，在很短的時間之內，我們就能把胃容量撐大兩倍。

紐約哥倫比亞大學（Columbia University New York）的健康心理學家艾倫·格里伯特（Allan Geliebter），在一九八〇年代時曾在受試者的胃中裝設實驗氣球，然後分一百次把水灌入氣球中，每加一點水，都會詢問受試者當時的飽足感。結果，身材苗條的人，胃容量僅止於一一〇〇毫升，體態渾圓的人卻可達二二〇〇毫升，或甚至能裝更多。

所以，光仰賴胃壁撐開的感覺來判斷是否吃飽喝足是很危險的，很有可能會害我們吃下超過維持健康該有的量。幸好，身體還會依靠其他的資訊來源來幫助判斷，例如營養密度。一大塊巧克力可能不足以把胃撐大，卻能滿足身體對碳水化合物與脂肪的需求。此外，人體還會分泌一種重要的荷爾蒙叫「餓激素」（Ghrelin），由胃黏膜分泌，會影響諸如飢餓、睡眠、欲望與飽足感等一連串的人體複雜反應。當餓激素開始分泌時，便會發出飢餓的訊號，只要開始進食，就能抑制餓激素繼續分泌。而其中，碳水化合物最能迅速抑制餓激素的分泌，但反彈也最快；脂質降低餓激素分泌的效果則較慢，但可以維持比較久。所以就不難理解，爲什麼吃一把堅果會比吃個甜甜圈飽得更久。

不過，這種吃法也有缺點：等到調控飽足感的荷爾蒙所發出的指令到達大腦，並告訴自己不要再吃了之時，已經至少過了二十分鐘。而這幾分鐘，足以讓我們吞下超量三倍的零食，例如火星巧克力棒這種高能量密度甜食。

那麼，既然要準確分辨身體發出的訊號這麼困難，爲什麼我們還是很少發生吃了三、四回午餐或晚餐的事呢？只要以生理學的角度來看就很容易理解，一九九〇年代一項針對健忘症患者所做的實驗，便可以證實。由於該患者記不得自己所做過的事，所以實驗時會讓他們連吃兩頓分量充足的午餐，接著便會發現，他們竟然沒發覺自己吃飽了。而這時，即使再送上第三份午餐，他們也會照吃不誤，直到實驗負責人現身阻止他們爲止。顯然，我們所吃的每一餐，都與記憶息息相關，而且，我們也非常容易受到食物的誘惑。

這麼說，我們有辦法讓自己保持理性，不至於吃個不停囉？對，也不對，因爲重點是飲食習慣。我們一般會習慣只吃到某個分量，或有人總是一口氣吃光光。而吃得一乾二淨的碗盤，就是那個最強烈的關鍵訊號——我們堅信，吃下那最後一口，就是吃飽喝足的意思，雖然我們也有可能**早就**飽了，但別管那麼多了吧。

美國康乃爾大學（Cornell University）的食物與品牌實驗室（Food and Brand Lab），曾以一個很簡單的技巧，就讓受試者吃個不停。負責人把盤子固定在桌上，並用軟管與幫浦不斷把番茄濃湯加進盤子裡，受試者就會一湯匙接一湯匙地把湯送進嘴裡，有些人甚至會喝到實驗都結束了還停不下來。有一個受試者喝下的量，足足是鄰桌用普通湯盤的對照組的三倍，還直呼那湯「相當有飽足感」。用這種特殊湯盤的受試者，如果要一直喝到盤底朝天才罷休，會喝下比平均值還多七十三%的量。

當然，我們一般用的都是正常的碗盤，但這一點也不減損上述實驗的可信度。想想，待在家裡時，我們是不是經常游移在廚房與沙發間，東吃一點、西吃一點，根本搞不清楚自己到底吃了多少。而且，如果吃東西時還分心做其他事，例如邊吃邊看電視，也會陷入同樣的迷霧中。有個實驗是讓實驗組坐在電腦前邊吃邊玩接龍，對照組則專心吃飯，結果，實驗組覺得自己好像沒有吃飽，馬上又嘴饞了。

說到食欲，二〇一三年的一項實驗證明，腸道的細菌會影響身體主人的食欲。德國腸胃病學家吉莉亞．恩德斯（Giulia Enders）在著作《腸保魅力》（*Darm mit Charme*）中指出：「晚上十點強烈的飢餓感襲來，極其渴望能吃點焦糖巧克力炸彈，之後還繼續啃了一包扭結餅，這股饞勁可不是源自那個幫我們報稅的器官。因為腸道菌群不住在大腦，而是住在我們的肚子裡，在我們飽受節食之苦的最後三天，腸道菌群便瘋狂渴望著漢堡。」還不只這樣呢，只要涉及到飽足感，菌群就會開始活動，「越來越多的研究顯示，」恩德斯表示，「如果我們讓細菌吃得恰到好處，我們自身飽足感的訊息傳遞素就會明顯增高。而恰到好處的意思就是：攝取不經消化就進入大腸的東西，大腸裡的細菌才能加以吸收。但麵條和吐司不在此列，倒是挺令人意外的。☺」馬鈴薯、歐洲苦苣、蒜頭、洋蔥與歐防風會是比較好的選擇。

若想重新拿回自己攝取卡路里的主導權，一定得有計畫地吃——不要邊走邊吃，坐在餐桌前時才吃。英國美食作家碧．威爾森（Bee Wilson）在《食物如何改變人》（*How We Learn to Eat*）一書中主張：「在我們改變自己吃**什麼**之前，應該先改變我們**如何**吃。」假如我們無法傾聽自己身體所發出的訊號，還得依賴外界因素來判斷自己是否飽了，像是分量夠不夠多，我們就無法與飲食發展出健康的關係。

結論：聽起來好像很複雜，其實做起來比想像中要簡單許多。有時候僅僅是把分量減少一點這種小技巧就能奏效。法國暢銷書《法國女人不會胖》（*French Women Don't Get Fat*）的作者蜜芮兒・朱莉安諾（Mireille Guiliano）就說，只要自己覺得飽了，就會乾脆地把刀叉擺到一旁去。可見這招對她就十分有效啦。

18 Die feinen Unterschiede
細微差異

薯條、咖哩香腸、沒有很辣、加了很多美乃滋……還有，香奈兒五號香水？

為什麼鼻子是人體的煙囪

聽覺、視覺、嗅覺、味覺與觸覺——這五感，若要你捨棄其一，你會選哪一個呢？二〇一一年時，英國《避世》雜誌（*The Escapist*）請讀者填答一份線上問卷，結果在五百三十九人當中，有十人願意捨棄視覺，十五人選聽覺，三十四人觸覺、一百二十三人味覺，剩下的三百五十七人則選擇放棄嗅覺。

看來，嗅覺還眞是五感中的棄兒，總是如悲劇英雄般遭到低估。不過，嗅覺在五感中的地位敬陪末座，早就不是什麼大新聞，「我們的嗅覺比其他生物都差，也是人類最弱的感官能力。」古希臘哲學家亞里斯多德認爲只有視覺與聽覺是「哲學器官」，適用於獲取知識。所以，若《避世》雜誌有機會請他填寫問卷的話，他一定也會毫不猶豫地放棄嗅覺。

長久以來，我們一直以爲人類只能分辨出一萬種左右的味道，如今卻發現其實超過一兆種，和其他的感官比較一下：人類能分辨的聲音約三十四萬種，眼睛能看到約七百五十萬種顏色。

紐約洛克斐勒大學（Rockefeller University New York）的嗅覺研究人員安德烈·凱勒（Andreas Keller）帶領團隊進行了一項嗅覺實驗，探究人類能否分辨出氣味之間的細微差異。受試者須在三種氣味混合物樣本中，分辨出與其他兩種相異的氣味。結果，當樣本中有七十五％的氣味重疊時，有一半以上的受試者可以指出差異性，少數幾位受試者甚至在重疊高達九十％時，還能聞出其中的不同之處，「我們的嗅覺比自己認爲的還要敏感得多。」凱勒如是說。

我們能在感覺與享受的世界中準確航行，其實是拜靈敏的鼻子之賜，但我們往往在暫時失去嗅覺，例如感冒鼻塞時，才會察覺它的存在。這時，我們不僅會對日常事務反應遲鈍，有時甚至會吸入有害物質而不自知——例如失火的煙味、發霉味、汽車廢氣或是家用清潔劑的氣味等。更慘的是，我們還會食不知味。正常的狀況下，我們可以分辨出甜與鹹、酸與苦，以及鮮美的味道。但若美食當前鼻子卻失靈，聞不到香味呢？像是柳橙、香草、肉桂，新鮮出爐的麵包香或煎得香噴噴的燻肉……「在我看來，」法國美食家薩瓦蘭在其名著美食聖經《美味的饗宴》中向嗅覺致敬，「我不僅深切相信，少了嗅覺的共同作用，美食經驗便不完整，我甚至認爲，嗅覺與味覺的存在，就是爲了成就嘴巴作爲實驗室，鼻子則扮演煙囪的角色。」

而我們一般所謂的味道，其實深究起來就是氣味的嗅聞。但人體到底是如何感知到氣味的呢？固體或液態食物的氣味分子，由空氣傳播，並被人體吸入後，會經由後咽腔傳至遍布在鼻黏膜上的嗅覺接收細胞。而且，正如「鎖鑰理論」（Lock and Key Theory），每一種氣味分子在此都能找到相對應的接收器。因此，鼻前通路的吸氣並不影響味覺，我們吃飯時感受到的食物氣味其實是由鼻後通路吐氣而來！所以若想享受更香噴噴的食物，就細嚼慢嚥吧。只有咀嚼有助於釋放更多的氣味分子。許多食物加熱後會變更香氣四溢，就是這個道理。而且呼嚕呼嚕地吃喝，可以讓嘴巴裡充滿更多空氣，使氣味分子得以彼此連結。

經由嗅覺黏膜，我們所接收的氣味訊息就會傳導至大腦各區域，例如掌管情緒、記憶、語言與行爲等區塊。而這些訊息與所見、所聽與所嚐等其他感官資訊共同作用後，就形成我們對一道料理的美食體驗，也就是前述謝菲爾德所說的大腦味覺系統。依其理論，專門化的嗅覺在其中扮演了極爲重要的角色，「所有集結在大腦的資訊中，是鼻後通路決定了我們最終的美食體驗。」這位美國腦神經科學家總結道。

無論氣味是由鼻前還是鼻後通路而來，其作用多半是潛在性的，因爲氣味的刺激得要超過特定的感覺閾限，我們才會有所感知。並且，因爲氣味會直接對掌管情緒的邊緣系統起作用，所以也會我們影響的行爲。舉例來說，美國甜甜圈連鎖店 Dunkin Donut 曾在南韓的市內公車上打過一種廣告，只要一播放該企業的廣告歌曲，車內就會傳出一陣咖啡香。後來的銷售分析顯示，該種公車行駛範圍內的門市，營業額果然在短期內暴增二十九％。拉斯維加斯的賭場也曾在一九九五年做過香氣實驗，證實「有香味」的遊戲機，比沒有味道的更能提升玩家的黏著性，讓他們玩到把錢輸光。

順道一提，嗅覺是可以訓練的，聞不到氣味或僅能嗅出少數味道，醫學上稱之爲嗅覺喪失症。透過長期的芳香療法，讓患者早晚各嗅一些玫瑰、丁香、尤加利樹與檸檬等味道的特殊精油，十二週後，他們的嗅覺會大爲改善。無論是氣味感知或是嗅覺細胞都會增加，大腦結構會開始重組，辨識氣味的能力也會大幅提升。而且定期更換精油組合，還能加快腦細胞的再生。

結論：儘管嗅覺當道的時代尙未來臨，但至少向來被看輕的嗅覺終於也有被看見的一日。而隨著年齡增長，嗅覺功能也會日益退化，所以，好好訓練自己鼻子的靈敏度，這可不能等啊。

19 Der Romeo-und-Julia-Effekt

羅密歐與茱麗葉效應

你有沒有過一種感覺，身邊的人老愛跟你唱反調？例如倒了牛奶後就晾在那裡，垃圾也不清、聽音樂的音量大到不行，還有，不吃青菜？要知道，無論你生多少悶氣都是白費力氣，因爲，這些反抗行爲跟你本人其實關係不大，至少沒有你想的那麼大。那背後的原因是一種心理現象，我們稱之爲「心理抗拒」（reactance）。因爲，每個人都喜歡自己作主，無論好壞，若感到被要求、被限制或被禁止，心生反抗將是不可避免的發展。簡而言之：我們抗議。想想羅密歐就是因爲被禁止與茱麗葉相愛，才益發珍視這份感情，所以「心理抗拒」也稱爲「羅密歐與茱麗葉效應」（Romeo and Juliet Effect）。

「心理抗拒」不僅會發生在伴侶、親子、師生與老闆員工之間，有時也會讓一些干預性政策宣告失敗。例如二〇一三年初時，紐約市長麥克．彭博（Michael Bloomberg）對於市民的過重與罹患糖尿病比例陡升感到憂心，他認爲罪魁禍首是含糖飲料。所以他就開始動腦筋，想找出讓市民減少消費含糖飲料的方法。而有種方式，看起來似乎既簡單又聰明——減少販售大容量包裝飲料，大家就會自動降低飲用量，同時遏止消費量，這就是彭博的主意。不過，禁止超大容量隨手杯與寶特瓶，並沒有達到預期的效果，因爲來自業界與利益團體的抗議風潮實在太過猛烈。康乃爾大學的行爲經濟學家大衛．賈斯特（David Just）也深恐政府此舉會引起「對管制的反抗」，他指出若不從正面提升大家的健康意識與行爲著手，而只是一味地禁止，恐怕只會造成反效果，讓大家更賣力囤積。畢竟，沒有人喜歡連這種事都要被人家管。

另外一個用心良苦，卻也引發無預期反應的政策，則是在學校倡導飲用（無糖）全脂牛奶運動。在那段期間，學童愛喝的調味乳與優酪乳被全數下架後，他們還是堅持要喝汽水或檸檬紅茶之類的含糖飲料，於是便從家裡帶來上課或到鄰近的便利商店購買，那些全脂牛奶則全被晾在架上沒人搭理。要知道，若想借用輕推的力量，必須敬小愼微，因爲剝奪消費者的選擇權或直接宣告禁止，幾乎都無法有效調控人類的行爲，只有巧妙地戳一下，讓他們自行做出「正確的」決定。

下列這種討厭的情況一定有發生過：當你正想貫徹低醣飲食，剛出爐麵包的香味，偏偏就撲天蓋地地鑽入鼻子裡？其實，這是個再自然不過的反應——目光總是被自我限制之物所誘惑。於是，從此時此刻起，你只看得到（與聞得到）被禁止的那樣東西，而且其吸引力還無比強大。

這種心理抗拒效應到底有多微妙，以下實驗可以告訴我們：實驗者拿同一種穀物棒給受試者食用，但有的稱爲巧克力棒，有的則強調是健康食品。其中一半的受試者，可以自由選擇要嚐哪一種，而另一半的受試者，則只能吃「健康」穀物棒。結果，那些被強迫吃穀物棒的人，有很高的比例都在實驗過後就頻頻喊餓！但可以自由選擇的另一群人，則大多數都覺得飽了。想想，在這種處境之下，推廣健康概念有沒有可能成功？只要選對誘因，就有可能。

遊戲公司的負責人與研發者傑西．謝爾（Jesse Schell）在研究電腦遊戲玩家的心理誘因之後，發現可區分爲「wannas」與「haftas」這兩種心理，也就是「想要做」與「必須做」，「必須做與想要做的差別，就有如工作與遊戲、奴隸與自由、效率與樂趣。」他在二〇一三年 D.I.C.E. 高峰會★的演說中如此說道。而這就是爲什麼一些立意良善的舉措常常會失敗，因爲那會讓人感覺到「haftas」，也就是必須去做某某事，與想要去做截然不同。

因此，箇中訣竅，謝爾認爲就是想辦法把「hafta」變成「wanna」。其中，社會刺激又最爲有用。因爲，人之所以會想討價還價，無非是希望獲得認可。所以，要成功推行某樣措施，就要讓人們在此行爲上相互激勵。最重要的是，這一切都是出自自由意志。法國人曾做過一項共有八十人參與受試的實驗，結果顯示，若告知受試者可以自行決定接受或拒絕，願意協商的人數會增爲兩倍。提出「抗拒理論」（reactance theory）的美國心理學家傑克・布林（Jack W. Brehm），便於一九六六年大聲疾呼，只要重視自由意志，就能陶冶目標的行爲。

講了這麼多，若還是毫無助益，那就只剩下喚醒人性的貪婪了。十八世紀的法國藥劑師帕蒙提耶（Antoine Augustin Parmentier）爲了要讓迷信的法國人開始食用馬鈴薯，便把在當時被民眾棄如敝屣的馬鈴薯種在王公貴族的田地裡，而且還派重兵日夜把守，不久後，夜半出沒的馬鈴薯小偷便悄悄增加，專偷那狀似珍貴無比的東西。馬鈴薯「價値不菲」的消息從此不脛而走，大家紛紛在自家農田種起馬鈴薯來。俄國女皇凱薩琳二世甚至還下令在馬鈴薯田四周築起圍牆，誰敢偷雞摸狗就嚴懲不貸。不過，上有政策下有對策，老百姓當然仍想得出飽餐一頓的方法。

結論：禁止只會增加吸引力，此原則並不僅僅適用於羅密歐與茱麗葉。

★譯註：D.I.C.E. Summit全稱為Design, Innovate, Communicate, Entertain Summit，每年遊戲界的各大龍頭都會在拉斯維加斯舉辦此高峰會。

20 Business-Lunch
商務午餐

如何替自己在商務聚餐中加分

曾經，大家一頓商務午餐要吃上好幾個小時，甚至還會因此把整個下午給空下來。眾人盡興地吃，痛快地喝（馬丁尼之類的，總之一定是酒），邊抽菸邊享受。至於順口談談生意，則不在計畫之中，尤其在甜點送上來之前，這類的話題絕對是兵家大忌。這就是一九六〇、七〇年代——那個美好的時代，瑞士名錶百達翡麗的前總裁菲利普・斯特恩（Philippe Stern）曾在受訪中回憶道：「那一輩人對客戶表示敬重的方式，就是請他們去城裡最好的餐廳用餐。大家習慣在上午談公事，中午一起吃頓豐富的大餐，大約吃到兩點半左右。」斯特恩的父親掌管公司時，有時還會把客戶請到家裡款待，賓主在庭院喝完餐前酒並用過餐後，還會一起去遊湖。「那時總公司位於日內瓦市中心的湖邊，父親的船就直接停泊於公司門口。大約四點鐘，他跟客戶就會從那兒上岸。不過，現在的人可能會覺得這樣做很奇怪。」

二十一世紀的商務午餐，不僅聽令於效率，並且服膺於經濟的考量之下。不能太過社交，也不可過於悠閒，因爲這頓飯務必得一箭雙鵰。而一場有其目的的商務午餐，在用餐上也不能不講求效率，點餐不是想吃什麼就點什麼，而是要考慮到進食的便利性——坊間所有管理顧問書籍對此倒是有志一同，那就是別點你無法正確說出菜名的料理，捨棄會讓你頻頻分心的菜色，不要吃容易塞牙縫，或是會迫使你吃得稀哩呼嚕的食物。建議你最好點烤魚、烤肉或沙拉（但不要點太小份，會讓你看起來很**挑剔**）。若你在國外出差時需要與客戶用餐，最好每道送到眼前的菜色都要嚐嚐，即使你完全不知道那是什麼碗糕也要嚐。簡而言之，顯得越容易相處就越好。

不過，也有人覺得吃午餐根本是魯蛇的行爲，或者像一九八七年的經典電影《華爾街》（*Wall Street*），片中的金融鉅子戈登·蓋柯（Gordon Gekko）也曾說過「午餐是爲懦夫準備的」。同樣出版於一九八〇年代美國的《權力午餐》（*Power Lunching: How You Can Profit from More Effective business Lunch Strategy*）卻舉出了特殊情況，一般商務午餐與權力午餐相較之下，簡直就是手電筒與雷射光的差距，權力午餐通常較嚴肅、專注且有力。不過其實不僅是商務午餐，尋常午餐基本上也已經悲慘地失去其重要性，許多管理階層在員工眼中堪稱楷模，他們的餐點內容通常是新鮮蔬果沙拉，配上像塗了一層土的全麥麵包與藜麥，而且幾乎都在電腦前用畢。多工處理早已取代了沉思默想。

在這知識社會中，聰明的飲食行爲遭到大肆忽視，大家任由自己受到忙碌匆促的感覺交相逼迫，簡直令人匪夷所思。拿過好幾次奧斯卡小金人的墨西哥導演阿利安卓・崗札雷・伊納利圖（Alejandro González Iñárritu）有回被記者問及，搬到美國後最大的文化震撼是什麼，「大家都用塑膠餐具吃飯最令我震驚。還有，所有人都甘於用個塑膠盒解決午餐，不願撥空離開辦公室，去眞正的餐廳用眞正的餐具好好吃頓飯。」他很想念那個在墨西哥稱爲 *sobremesa* 的習慣。也就是在飯後繼續在餐桌旁待上一會兒，或許喝杯酒、抽根菸或閒聊一下的時光，「在美國，飯後就是送上帳單，付錢了事。我眞是打從心底無法習慣。」

心智正常的人都知道，工作間小歇一會兒（至少三十分鐘），絕對不會損及工作效率，其實還會大大提升效率。抽出一個小時遠離討人厭的同事，絕對有助於提振工作精神。不斷有研究顯示，暫時放下工作對放鬆與激發創意有多重要——所以，盡量一個人或與談得來的同事好好休息一下吧，最好去散個步，畢竟不是每個人都有日內瓦湖上的船等在門口。

結論：午餐是爲勝利者準備的。

21 Von Machos und Mayo-Typen

大男人與美乃滋類型

以下這個場景，在日常生活裡隨處可見：穿著西裝的中年男子坐在人擠人的公車裡，啃著夾了火腿片、起司與番茄的三明治。他每用力咬一口，美乃滋就從另一頭擠出來，所以他就邊吃邊無所顧忌地舔著自己沾滿美乃滋的手，彷彿這是世上最自然不過的事情。而這種不拘小節的舉止，並不見得只會發生在男性身上，有類似舉動的女性也滿街都是——舉目望去，到處都有人在吃東西、喝飲料、吧唧吧唧、呼嚕呼嚕，無論是行走時、站在薯條攤販前，或是坐在捷運上、購物時，甚至是騎在腳踏車上都可以吃吃喝喝。我們漫不經心地哺餵自己的飢餓與食欲，彷彿整個城市都是我的麥當勞。不久之前，對餐桌禮儀不屑一顧的青少年，還覺得跟大人世界畫清界線最好的方式，就是到速食店買份放在防油餐盒裡的漢堡大嚼特嚼。但曾幾何時，速食及零食文化，已經成爲不分年齡層的共同樂趣。與朋友外出如今就等同於吃吃喝喝，如果做某件事時沒有連另一件事一塊做，就等於沒做，所以如果約會沒有好好吃頓飯，就稱不上眞的約會。如同加拿大皇道大學（Royal Roads University）的民族學家菲利浦·瓦尼尼（Phillip Vannini）所指出的——看電影就是要吃爆米花，不然要幹嘛？同理可證，在沙灘上躺了一天卻沒吃冰淇淋，這算哪門子的夏日體驗，還有，野餐一定要有西瓜。人類如今變得身邊隨時隨地都得有食物環繞，不過還是要注意：人類不僅會因吃什麼而變成什麼樣，怎麼吃也至關重要。

對於上述這些飲食文化，瑞士文化研究人員華特・萊姆古柏的看法有點悲觀，他認為諸如使用刀叉，這種讓人類逐漸文明化的重要紀律內化過程，不僅已經走到了盡頭，而且似乎還有倒退的趨勢，「不然，要怎麼解釋，那些埃利亞斯所指出的餐桌禮儀★，也就是使用刀叉進食的規矩，為何越來越無人搭理，而且只要大家食欲一上來，不管在哪裡都可以吃？」這種吃法，其實常常讓人不知道自己究竟吃了什麼，也不知道食物到底是何滋味。尤其那種吃什麼都要倒一堆番茄醬與美乃滋的人，食物到口時更是索然無味。而不專心進食的後果（看看美國吧，那裡的例子最多），就是過度消費，再加上臃腫的身軀。

不過，外帶文化可不是現代社會的發明，早在古希臘羅馬時代，人類就有在正餐之間吃些點心的習慣，例如炸魚、鹽漬豌豆或麵包，一直到工業化時代，才為今日的速食文化奠下基石。英國的工廠周遭與工人群居地區，賣炸魚薯條的小店林立，至於德國的香腸攤，則要到二次世界大戰結束後才出現。一九六〇年代更是速食店大舉進軍的時期，先是肯德基爺爺，接著是麥當勞叔叔，然後是必勝客接踵而至。不過，大家對漢堡的熱情似乎始終不減，當今的趨勢逐漸轉向另一種「高檔」漢堡，以高品質、也極富冒險實驗精神的食材搭配上桌。不同於大型連鎖速食店所提供的廉價平庸內容，這種「高檔」漢堡，可是夾了山羊奶酪、酪梨、韓國泡菜或焦糖洋蔥，搖身一變成爲時尙漢堡餐廳中的珍饈佳餚，在大城市中比比皆是。著有健康類書籍的德國食品化學專家鄔島．波爾梅（Udo Pollmer）爲我們對漢堡的熱愛提出了合理的解釋，「我們用雙手抓起來吃，一口咬下去，碰到的是柔軟、接近人體溫度的口感。理想的漢堡不能太燙，得和母乳一般溫暖，讓人回想起在襁褓中的時光，像是軟呼呼的嬰兒食品。此外，麵包不能過於酥脆，得鬆鬆軟軟，令人看了就想抱個滿懷，點綴其上的芝麻粒，微微刺激著我們的口腔，促使我們回想起嬰兒時期的吸吮反射動作。」總之，速食文化持續成長中，其囊括的美食範圍也不斷擴張，即便過去沒有人會把生魚片和速食畫上等號，但到了今時今日，就連壽司也進入速食之列了。

結論：速食雖然以前所未有的姿態強勢開疆闢土中，我們卻也大可不必成爲「番茄醬─美乃滋類型」的人。因爲，只要營養與美食話題的熱度不減，那種稀鬆平凡的漢堡便會失去光環──誰管他吸吮不吸吮的。

★譯註：指德國社會學家諾貝特・埃利亞斯（Nobert Elias）在其名作《文明的進程》（*Über den Prozeß der Zivilisation*）一書中所提及的人類社會發展過程。

22 Ein Hoch auf die Haptik

向口感致敬

某大軟體公司的員工餐廳，一星期內連續好幾天都有紅蘿蔔沙拉這道菜，而且紅蘿蔔還是切成片的。有位顧客覺得這樣吃起來不順口，因為他認為這種沙拉的紅蘿蔔就是要刨成細絲才可口，他和廚房團隊如實建議後，氣呼呼地搖著頭回來：「他們說不可能啦，說那樣切太貴！」若他以另外一種觀點來提出他的堅持，也就是從口感之於享受美食的意義來切入重點，說不定同樣也沒人想理他——眞是無奈。

一道菜餚入口的感覺，絕對會影響我們對它的評價。想想，要是早餐玉米片吃起來軟爛得像雙臭襪子？不然，來杯少了泡沫的啤酒、沒有氣的氣泡礦泉水？或是，半冷不熱的碗豆湯？好噁心！其實，只要口感完美，我們就會覺得超美味。想像一下綿密蓬鬆的巧克力慕斯、晶瑩剔透的氣泡礦泉水，或是像塊奶油般入口即化的肉吧。妙的是，即便口感問題總是遭人忽視，我們仍然追求觸覺所引發的興奮感。

觸覺，是胎兒最先發展的感官能力，比聽覺與視覺還要早上許多。觸覺為我們建立了一個神經元基底，為其餘的感官提供了基礎。每當嘴唇、舌頭或手指碰觸到食物時，分布於皮膚表層的神經末梢，便會把冷、熱、黏稠度或濃度的感覺記錄下來。因此，吃到令人大失所望的食物時，我們的反應會格外強烈，但若美味遠超過預期，心中的喜悅也會難以形容。有誰會說「這東西在嘴裡的感覺眞好」？大多數的人，頂多只會說句「好吃」吧。眞要說到食物在口中的感覺，的確是在與期待落差太大，或者是在感到不適的時候，才比較容易察覺，例如舌頭有燒灼感，或者是紅蘿蔔切片令人難以下嚥時。此外，可以用來形容口感的字眼還眞不少，諸如滑嫩、軟Q、有嚼勁、黏糊糊、酥脆、黏滑、滑溜溜、苦澀、有金屬味、發癢、滾燙、溫暖、冰冷、大顆粒、細顆粒、香脆、入口即化、火辣、蓬鬆等等皆是。

像西班牙廚神費蘭·阿德利亞，或是英國鬼才廚師赫斯頓·布魯門索（Heston Blumenthal），都獨鍾能挑動顧客口感的料理。例如，布魯門索的名料理「冰火紅茶」是把冷、熱紅茶裝在同一只玻璃杯裡，卻能保持一邊冷一邊熱。當客人用雙手捧起這杯茶，就會產生錯亂，不禁懷疑起自己待會兒要喝的，到底是冰紅茶還是熱紅茶？而阿德利亞，則是曾於現已歇業的鬥牛犬餐廳裡，用義式白蘭地的專用酒杯盛裝一種綠色液體，若有人聽從侍者建議點一杯來喝，就會體驗到一種豌豆湯從滾燙到溫熱，最後轉涼的驚奇過程，這還不夠，舌尖殘留的濃烈薄荷味才是臨別秋波。阿德利亞還喜歡在我們習以爲常的料理形態與溫度上做變化，例如用剁成針頭大小的花椰菜取代北非小米庫斯庫斯，又或者如果客人點的是白醬培根蛋義大利麵，他端上桌便會是淺咖啡色透明條狀明膠佐帕瑪森乳酪與火腿丁，淋上荷蘭醬並滴上少許松露油，一入口，條狀雞汁凍便瞬間在舌尖化開，並與松露油相融合，散發出獨特的煙熏香味。這道料理，在鬥牛犬餐廳營業期間，每年被指定享用的次數超過兩百萬次。

不過，這種口感上的實驗，兩位廚神都不算是第一人，讓我們回到大約一百年前，將焦點轉往義大利，更確切的說是義大利北部大城都靈，在一間名為「天上美味」（La Taverna del Santopalato）的小餐館中，未來主義先驅馬利內提（Filippo Tommaso Marinetti）掀起了一場革命。無論是「陽光下的綠青鱈佐火星醬」，或「高貴的豬肉」等菜色，都得要能引發感官上的刺激。而在「晚餐派對觸覺體驗」中，訪客的任務如下：一進門，先選擇一件主人預先用不同材質裝飾的外套，例如軟木塞、砂紙、毛皮、金屬小碎片、絲綢或絲絨等等。下一步，所有賓客都穿著自己選的衣服一同進入伸手不見五指的房間裡，細細觸摸以選定要與自己同桌吃飯的人，然後相偕返回光亮的用餐處入座。用餐時，就會看到有人一邊用右手把橄欖、茴香或金桔等往嘴裡送，一邊又用左手摸索著對面賓客身上的砂紙。至於「菜園觸覺體驗」，訪客的遭遇則大抵如此，「每位賓客的面前都有一只大盤子，上面擺滿各式各樣或生或熟的蔬菜，完全沒有淋上沙拉醬。接下來，不能用手，大家得把臉湊在這些蔬菜上面，用嘴唇與臉頰好好體驗一下各種菜眞正的香味與質地。每當有人抬起頭細細咀嚼時，隨侍在側的服務生就會馬上噴他一臉薰衣草香水。」

順道一提，馬里內提這位前衛人士最討厭吃的東西，就是煮得軟爛的麵條，恨不得這東西就此消失，並且用無「分量與重量」的食物取而代之。刀叉？從來不曾在他的餐桌上出現，因爲所有食物都可一口吞下。他的「神奇餐點」會以狗碗般的器皿盛裝，外觀以粗糙的材質製成，碗中躺著幾顆糖球，內餡是糖漬水果或蒜頭、香蕉泥、巧克力、胡椒或生肉。

相較之下，員工餐廳那些紅蘿蔔切片，根本就連要參加口感體驗的初級考試都不夠格。

23 Die Farbe des Geschmacks

味道有顏色嗎？

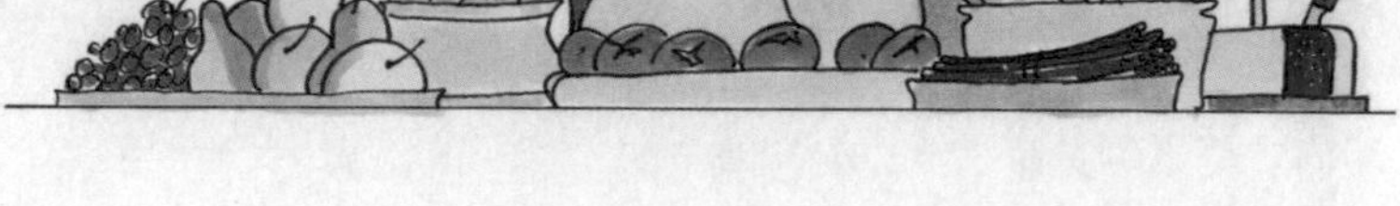

驚悚電影大師希區考克（Alfred Hitchcock），以黑色幽默聞名於世。一九六四年的耶誕節，他邀請一些賓客到家中參加派對，包括老牌影星卡萊葛倫（Cary Grant）與黛恩卡農（Dyan Cannon）夫婦。在他們行車轉入希區考克位於洛杉磯貝沙灣（Bel Air）的家之前，葛倫還要他的第四任太太先做好最壞的打算，因為希區考克驚悚大師之名可不是浪得虛名。一進門，大導演就各奉上一杯顏色藍如穩潔清潔劑的馬丁尼來表示歡迎，口中說道，「眞是抱歉，卡萊，我的ＬＳＤ剛好沒了。希望你能將就將就馬丁尼，我還特地調製了一下，好讓你可以邊喝邊欣賞顏色。」黛恩卡農在其自傳《親愛的卡萊。我與卡萊葛倫的日子》（*Dear Cary. My Life with Cary Grant*）中如此回憶道。

之後，她與卡萊葛倫一起被帶到餐桌邊坐好，兩位男管家立刻送上「一只很大並蓋上蓋子的餐盤。待希區考克一下指示，他們便把蓋子掀開，露出一大塊牛肋排。那牛肉眞是香氣四溢，外觀卻恐怖得不得了。是藍色的。淺淺的土耳其藍。過一會兒，配菜也上桌了，是藍色青花菜、藍色馬鈴薯、藍色小麵包。『你覺得，那可以吃嗎？』我偷偷問卡萊，『雖然顏色看起來很噁心，但我保證，味道一定超棒。』」結果，整個大半夜，他們倆不斷跑廁所；天亮時，地毯都因爲他們的來回奔波而踏出一條溝來。

至於，到底是肉的品質眞的有問題，還是純粹因爲那恐怖的藍色把肚子嚇出毛病來，就不得而知了。唯一能確定的是：「錯誤」的食物顏色，還眞會讓我們本能地退避三舍。早在一九三六年，化學家莫伊爾（H.C. Moir）就發表了第一項相關科學研究，他發現顏色的改變在感知上具有主導地位，因爲，我們大多以眼睛所見來建立感官印象。莫伊爾請同事們品嚐各種顏色的果凍，結果確定，試吃者不僅看得到顏色，還嚐得出顏色。由於他們相信自己的眼睛所見，因此，顏色所喚起的聯想，更甚於味蕾所分辨出的味道。波茨坦—雷布克德國人類營養研究所（Deutsche Institut für Ernährungsforschung Potsdam-Rehbrücke）的心理學家凱薩琳．歐拉（Kathrin Ohla）指出，視覺對口味的形塑眞的會特別強烈，因爲「味道所提供的線索太少。就算我知道自己吃下了甜甜或酸酸的東西，光憑味道，我還是無法確定自己到底吃了什麼。」

德國心理學家卡爾．鄧克（Karl Duncker）也曾致力於顏色現象的研究。一九三九年時，他負責測試並評價當時剛在美國上市的一項新產品，那就是白巧克力。受試者試吃時，若是可以看到產品，事後請他們與黑巧克力做比較時，便會認爲白巧克力的牛奶味較濃，且口感比較沒有那麼濃烈。在這之後，無數類似的研究都證明了，視覺感知對於味道的影響力與操控性有多強烈。一九八〇年代末期有人做了另外一項實驗，他們把香草布丁染成巧克力布丁的顏色之後讓人試吃，結果沒有人吃出香草味。最有名的例子當屬葡萄酒實驗，連葡萄酒行家都落入陷阱——他們把染紅了的白酒當作紅酒喝下肚。

而在行銷市場上，有時即使砸了大錢做廣告，在產品上大玩色彩實驗仍然有其風險，可口可樂公司或許如今想起來仍會感到心痛呢。一九九三年，在死對頭百事可樂推出水晶可樂（Crystal Pepsi）一年後，可口可樂也調製了一種無色、無糖，貌似雪碧的可樂，喚作塔清可樂（Tab Clear），在美國、澳洲與英國上市。結果，消費者對這種少了傳統可樂顏色的飲料完全不買帳，簡直是個前所未有的超級挫敗。因爲，消費者在這種可樂身上，遍尋不著**他們的**可樂蹤跡。可口可樂這回把感官衝突玩得太過了，一年過後，這種可樂就消失無蹤。

此外，食品加工業者慣於在產品中添加人工合成 β—紅蘿蔔素等人工色素，試圖影響消費者對產品的觀感，早就惡名昭彰。讓我們以「人造奶油」爲例，這種人造奶油其實原本偏白色，口感比眞正的黃色奶油還要油膩許多，但添加了人工合成 β—紅蘿蔔素後，人造奶油的外觀會近似奶油，看起來比實際上來得油黃與滑膩。「人造奶油亂象」還可以回溯至更古早以前，一八九五年，詹姆斯．彼得森（James C. Petersen）在柏林的德國牛奶產業協會大會上針對人造奶油的顏色發表了一場演說，「我們實在應該好好思考一下，到底為什麼要把人造奶油染成奶油色，答案呼之欲出——因為大家想要假裝自己所享用的是奶油。」據彼得森所言，染色似乎無傷大雅，但「說穿了，就是一種欺騙。」不過，這種欺騙，在現代消費心理學上，稱之為「產品體驗」（product experience）。

頂級餐廳對於這種感官衝突的遊戲依舊樂此不疲，不過，也得注意別玩火自焚就是了。玩得巧妙得宜時，客人開心，並會把這當作一次奇特的美食體驗。若適得其反，客人就會把你列為拒絕往來戶了。至於希區考克式肋排，應該再有勇氣的餐廳也沒膽推出吧。

結論：色彩遊戲別玩得太過火——除非，你想害某人整夜不得安寧。

24 Ein Teller Kunst

擺盤的藝術

在紐約現代美術館中，掛著俄國抽象藝術家康丁斯基（Wassily Kandinsky）的《畫作二〇一號》，是他著名的幾何構圖畫作之一。他那抽象且色彩鮮明的呈現，讓觀賞者可以各憑心情與需要去詮釋。曾有藝術評論家在康丁斯基的畫作中看到了四季的循環，但也有人相信，他可能只是畫出腦中出現的風景。牛津大學跨感官研究實驗室（Oxford Crossmodal Research Lab）的實驗心理學家查爾斯・米歇爾（Charles Michel），看法卻跟大家截然不同——他從畫中看到的是一道沙拉，並且在右下角的醒目之處上擺了一顆蘑菇。「康丁斯基沙拉」於焉誕生。這道由其藝術創作所啓發的料理，開啓了米歇爾接下來的研究工作，他想知道，我們的味覺期待，特別是從而願意爲之付出的價格，會受到食物擺盤多大的影響。

實驗時，米歇爾及團隊把受試者分爲三組，提供他們食材完全一樣的沙拉，只有端上來的樣子完全不同。第一組人的沙拉，所有配料像是蘑菇、青花菜、豆芽等，都一堆一堆分別擺在盤子上。第二組人的沙拉則是將所有配料混在一起，堆得像座健康食材小山。而送到第三組人跟前的，是一盤匠心獨具的絕美沙拉料理。當然，他們不知道那其實是以康丁斯基的畫作為樣本擺設的。最後「康丁斯基沙拉」以極大的差距拔得頭籌，吃了這道沙拉的受試者都給了最佳的評價，甚至願意為此付出原價的雙倍價格來吃，而且無論開動前後的感想都是如此。「餐廳顧客會直覺地把食物與『藝術價值』相連結，精心配置的每個細節有如一幅抽象畫，讓人覺得食物更多層次，並更加喜愛這道料理。」米歇爾指出。

「眼睛跟著一起吃」這句話無非是老調重彈，不過，非正式的精緻菜餚與創意競賽，倒是真的在那些頂級餐廳間大肆進行，頂尖的廚師總能創造出只為了瞬間而存在的藝術品。其中最響叮噹的當屬哥本哈根傳奇餐廳NOMA，一套正式全餐要價數百歐元。許多料理都宛如可入美術館陳列的迷你裝置藝術品，瞧那陶碗所盛裝的不就像青苔景觀佐酥脆爽口的地衣，狀似海綿的物體還可蘸取法式酸奶油食用。

至於，上述種種到底稱不稱得上是烹飪藝術，如果是，還可以發揮到什麼地步，這永遠都沒有定論——而且，這又是另外一個話題了。但話說回來，以藝術的手法呈現菜餚，欲使顧客垂涎欲滴，不知道該看還是該吃的意圖，其實是有其悠久傳統的。相對於今日的極簡風，古代流行的是華麗風。一六四二年紐倫堡某出版社發行了一本《飲食之書》（*Trincir-Buch*），便如此寫著：「所謂供人欣賞的食物，是指以手工製成、賞心悅目，並可供品嚐的料理。眼睛一看便覺得開心，入口之後更感欣喜，如果此人已經因吃了其他菜餚而酒足飯飽，則多半會把這道料理留作觀賞之用。」這種由王公貴族所催生出來的烹飪產物，其實到頭來只是堆積如山的奢靡浪費，這些東西的存在只是爲了炫耀。因爲，並不是所有端上桌貌似食物的東西，都是可以入口的。

此外，在舊金山現代藝術博物館（SFMOMA）尚未閉館整修前，推出的料理可謂精巧絕倫，雖然眞的可以吃下肚，卻也美得實在太過分。而擔當此烹飪藝術的重責大任的，則是甜點主廚凱特琳．費曼（Caitlin Freeman），爲此，她簡直快變成一名攝影師了。自從費曼在畫展上與普普藝術畫家偉恩．第伯（Wayne Thiebaud）一九六三年的畫作《蛋糕》（*Cakes*）相遇後，就像被蛋糕附身了一樣，爲在舊金山現代藝術博物館裡設點的藍瓶子咖啡（Blue Bottle Café），烤出一個又一個受藝術作品激發靈感的蛋糕。她的經典之作是受荷蘭畫家蒙德里安（Piet Mondrian）所啓發的「蒙德里安蛋糕」，把白、藍、黃與紅色幾何方塊海綿蛋糕體組合起來後，再淋上一層巧克力糖霜即宣告完成。不過，把藝術作品烤成蛋糕，可是費時又費工。在她所著的《現代藝術甜點》（*Modern Art Desserts*）一書中，費曼爲「蒙德里安蛋糕」估算出六小時的緊湊工作時程，而且需分成兩天進行才能完成。不過，即使看著食譜依樣畫葫蘆，也不保證成品一定會是「蒙德里安蛋糕」，說不定到頭來只會出現一坨食用色素失敗實驗品呢。據書上所說，可以較爲速成的甜點是以美國普普藝術大師安迪·沃荷（Andy Warhol）爲靈感的「沃荷果凍」、從美國極簡大師萊恩（Robert Ryman）作品中發想出的「萊恩蛋糕」、向法國野獸派大師馬諦斯（Henri Matisse）致敬的「馬諦斯芭菲」，以及取材自美國普普藝術大師李奇登斯坦（Roy Fox Lichtenstein）的「利希滕斯坦蛋糕」等。

結論：在藝術裡找尋美食呈現的靈感，絕對是有其道理可循——熱食除外，因爲，在完成藝術大作的過程中，菜可能早就變涼，那就一點也不好吃了。

25 Essen gegen Stress

用吃對付壓力

大塞車，動彈不得，天氣爆熱，車上的冷氣故障，還有一隻蒼蠅在你頭上死命地轉來轉去，而且——車子一公分都沒有前進。這時，你會怎麼做呢？千萬別像一九九三年經典犯罪電影《城市英雄》（*Falling Down*）裡的麥克道格拉斯一樣火爆，怒氣沖沖帶著武器下車後，就開始橫掃洛杉磯。他其實只需要來杯奶昔啊。

哈佛大學經濟學者克雷頓．克里斯汀生教授（Clayton Christensen），曾受速食連鎖店業者委託，找出讓奶昔銷量迅速衝高的方法。而首先要知道的，就是典型的消費者，也就是那些通常會買杯奶昔的人是誰。或許你現在會猜，應該是小孩、孕婦或青少年吧。大錯特錯。克里斯汀生發現，大多數美國人都是在早上八點以前買的奶昔，當學童與青少年還坐在家中吃早餐時，那些典型的奶昔消費者早就在各處奔波了——開車通勤族，每天要開上很久的車去上班的人。

克里斯汀生緊接著問道：奶昔到底有什麼作用？這眞是一針見血，因爲他把眼光放在社會層面上，而不是緊緊咬住口味的問題。畢竟，若顧客根本沒有花時間去選擇的需要，準備個二十種口味的奶昔也是白費功夫。而訪問多個消費者後，多半會提到一杯奶昔下肚得有飽足感，所以從頭濃到尾是一定要的，這樣有助於轉移注意力，而且「可以安撫我塞車時的悶氣」。「大家想要有事做，卻又不想拿份早餐啃來啃去。但把奶昔拿來當早餐，也不是因爲覺得這樣會比較健康，而是想獲得意想不到的能量。」克里斯汀生總結道，「並不是奶昔本身勾起消費者的購買意願，而是他們的工作形態使然。」

另外一件極爲平凡、鮮少引起注意，卻會對心理安撫作用起不少影響的東西，便是吸管。使用吸管，不僅可以避免奶昔滴在衣服上，吸吮這個動作，更具有撫慰的功效。而且經吸管進入口中的奶昔，濃稠度已經大不相同，少量的液體加上大量的空氣，會在嘴裡產生綿綿密密的舒服感。而奶昔在口中停留越久，味道就越強烈，會感覺特別甜，吸吮更促使樂趣、安撫與飽足感連結一氣。畢竟，這是人類出生以來獲得的第一個經驗，與生俱來，且是維繫生命的反射動作，不僅成爲我們一生中的習慣，並且總是伴隨著正面感受而來。正是這種聯想，促使我們一而再、再而三地點杯奶昔，這一切都是多巴胺（Dopamin）的作用。每當我們興奮期待著什麼東西時，大腦就會釋出多巴胺，這也就是爲何它又被稱爲「引起生活欲望的荷爾蒙」的原因。

這麼說來，可頌也可以達到跟奶昔一樣的效果嗎？答案是不行。因爲，可頌很快就會吃完，不僅酥脆的碎屑會掉個滿地，會弄髒汽車座椅，更沒辦法用吸的，而且吃了還不會飽。在車上吃這東西完全是自找麻煩，對紓壓一點幫助也沒有。開車通勤族的壓力很大，雖然他們可能並不自覺，但通常已經影響到他們的睡眠，心跳速度較常人快，尤其當到底何時才會到達目的地是身不由己時，緊張的感覺更會爆表，而到了這裡，還沒提到其可能造成的社會效應。有位瑞典學者在十年間蒐集了無數的相關資料進行研究，分析結果顯示開車通勤不僅會提高死亡率，還會提高離婚率，確切地說，夫妻二人中至少一人，若每天花在開車通勤上的時間超過四十五分鐘，他們離婚的機率就會提高到四十％。

結論：在你像麥克道格拉斯一樣去找前妻，途中不知何時會因壓力太大而殺紅眼之前，先在家中幫自己調杯奶昔，裝在保冰罐裡帶著吧。

26 Der Sizzle-Effek

滋滋聲效應

為什麼Bossa Nova＋巧克力能讓你自動融化

上館子請服務生推薦餐點時，得到的回應多半會是今日特餐，如果其中包含肉類料理，應該還會奉送一段對肉質的讚頌，以及解剖學般的部位說明，諸如肋排、肩肉、尾部、里脊肉或後腿內側肉。但是，誰聽了這種說明後還會口水直流啊？按照艾瑪・韋勒（Elmer Wheeler），這位在一九三〇年代聲名大噪的紐約行銷大師之言，那些沒完沒了的說明都可省了，直接引發顧客的食欲比較快。而且，這用某一種聲音就可以辦到，也就是油鍋裡煎炒煮炸的聲音，「別賣牛排，賣滋滋聲吧。」韋勒在他一九三七年所出版的暢銷書《實驗證實的銷售金句》（*Tested Sentences That Sell*）一書中如此建議，煎牛排時發出的滋滋聲，比用言語強調它的肉質有多嫩要來得有用多了，「滋滋聲賣出的牛排比牛身上的還要多，」韋勒寫道，不過他也承認，「……雖然牛也不是不重要啦。」

無論是烈火焚燒木材的劈啪聲、肉燒烤時的嘶嘶聲或是火苗燃燒所發出的呼呼聲，所有的這類聲音都能引起我們的食欲，這可是經過科學實證的。牛津大學實驗心理學家史班斯（Charles Spence）稱之爲以行爲作依據的學習過程，大腦用了某一感官（聽覺）接收到的刺激，來通知另一個感官（味覺）反應。例如，登山時聽到陣陣牛鈴聲，你會想到什麼食物呢？可能是頓豐富的麵包大餐、新鮮的牛奶，又或者，德國 Milka 巧克力？

你有辦法在雞舍吃生蠔嗎？你可能得克服一些心理障礙才辦得到（即使你超愛吃生蠔）。史班斯曾與英國鬼才廚師布魯門索拿生蠔做過實驗，先把生蠔從殼中取出，再把那坨小小黏黏的東西放在培養皿中，就這樣端去給受試者吃，周遭還有雞群不時發出的咯咯聲。結果不出所料，大家都拒吃，有些人甚至連聲作嘔。環境、聲音及食物，呈現出強烈的違和感。跨感官交互作用實驗告訴我們，聲音既有助於我們食指大動，也能讓我們食不下嚥。

聲音的刺激所能左右的不僅是我們的胃口，還有我們對味道的感受，史班斯與布魯門索還曾攜手做過另外一個實驗，他們給受試者一球口味獨特的培根炒蛋冰淇淋，並附上一片烤麵包。受試者吃冰淇淋時，會聽到從雞舍裡或煎肉時所發出來的聲音。結果，雖然大家吃的都是一樣的冰淇淋，卻會因為聽到不同的背景音效（讓他們打從一開始就放棄判斷），而覺得自己吃到的是炒蛋或培根口味冰淇淋。「吃吃喝喝時，真的無法不受周遭環境的影響，」史班斯指出，「因為大腦停不下來，不斷篩選與分析，為的是解開這個問題的答案，也就是到底好吃還是不好吃？」

比利時多明尼克・貝松巧克力（Dominique Persoone）公司的訪客，可以在一片巧克力天空下陶醉地試吃夾心巧克力。雖然吃的都是巧克力，各種不同的口味體驗也會隨著背景音樂的轉換而有所不同。南美洲輕快弛放的 Bossa Nova，能強化巧克力的甜味，而廚房所發出的聲響，會讓人覺得甜度降低。而那款「Bossa Nova 夾心巧克力」，會讓人不禁聯想起南美洲的高品質可可豆，吃起來的滋味就是特別的好，甚至爲此多付十%的價錢都甘願。

結論：無論是嘶嘶冒出泡沫的啤酒、煎得滋滋作響的牛排，或是燒得劈啪作響的柴火聲，滋滋聲效應一語道盡以明火烤肉的樂趣。「這就像用天文望遠鏡觀星一樣，」韋勒把滋滋聲效應與之相比擬，「我們從中獲取的豐富經驗更加無以倫比。」眞不愧是行銷大師。

27 Die doppelte Gluten-Lüge
雙倍麩質謊言

爲了製作晚間的直播秀，美國知名主持人吉米金默（Jimmy Kimmel）經常在街上隨機採訪路人，有回他在公園擋下一些正在慢跑的民眾，問「請問你都吃無麩質食品嗎？」大家全都理所當然地回答是，一副是在回答會不會祝自己媽媽生日快樂的樣子。不過，下個問題，大家就茫然以對了，「請問什麼是麩質？」沒有人可以清楚說出個所以然來，大多是亂猜的。呃，某種穀類嗎？麵條、披薩、麵包？無論回答出什麼，大家在某個點上倒是頗一致——麩質是個壞東西！反正有人說最好不要吃，瑜珈老師、健身教練都這麼建議，某個女性朋友在自己的部落格上也這樣寫的。

不吃含麩質的食物，對很多人來說就等同於除了我自己要注意外，還得有其他受害者，大家一起來不吃披薩、蛋糕、麵包吧。不過，光說不吃引不起什麼注意力，有些書就專門用《小麥完全眞相》（*Wheat Belly: Lose the Wheat, Lose the Weight, and Find Your Path Back to Health*）這種聳動的標題嚇人，作者威廉・戴維斯（William Davis, MD）警告說，我們已經落入小麥的魔掌，就像絕望的毒癮者被海洛因掌控一樣。現代的穀物會摧毀我們的大腦，接著還恐嚇說，「麩質有如無聲的病毒，可以對身體造成永久性的損害，但我們卻一無所知。」

這種激烈的說詞，讓人不禁聯想到中世紀時人人聞之色變的不知名瘟疫，患者會高燒不退直到死去，起因就是「麥角菌」感染了穀物，故所謂的「聖安東尼之火」（Saint Anthony's fire）其實是麥角中毒。感染後的穀物一旦被人吃下肚，就會有生命危險，但麩質只會讓數百人中的少數幾位引發小腸疾病，而且只要不吃含麩質食品就可治癒，跟聖安東尼之火完全是兩回事。

而那個分叉麥穗圖，也就是德國政府爲乳糜瀉患者提供無麩質特殊產品的認證標章，如今卻擁有億萬商機。因爲在許多消費者的眼裡，這種產品的價值好像比較高，即使某些東西原本就不含麩質。

從這種角度來探討，似乎每種食物都有讓人恐懼的潛能。不是吃了會生病、上癮、變胖，就是更嚴重的吃了會失智。像阿公阿嬤時代那樣蘋果不洗就吃，也讓很多人覺得不可思議。現在大家吃東西前，都得先遲疑一下——到底可不可以吃蛋？可以的！爲什麼？因爲細胞也需要膽固醇才能成長。果糖比一般的糖好嗎？不一定，果糖吃太多會傷害細胞，而且會造成脂肪肝。那黃色與紅褐色紅蘿蔔是基改食品嗎？不不不，其實蘿蔔的祖先是有很多種顏色的，現在常見的橘色種，是當初特地爲荷蘭貴族，也就是如今的奧倫治王室（Fürsten von Oranien）量身打造的。那麼，吃馬鈴薯會胖嗎？看你想用哪個角度看，看看世上那些住有最多百歲人瑞的「優質地區」，馬鈴薯可是天天出現在菜單上。還有，咖啡對於心臟到底是好或不好？都有可能，看是依據什麼研究而論，哈佛大學學者熊恩菲德（Jonathan Schoenfeld）及史丹佛大學研究革新中心主任約翰・約安尼季斯（John Ioannidis），曾隨機抽驗坊間出版的食譜，將書中的食材用美國國家生技資訊中心所製作的生醫論文搜尋引擎 Pubmed 找了一下，發現幾乎所有食材，包括咖啡、麵粉、奶油、蛋、牛奶、糖、鹽、橄欖、牛肉與葡萄酒等，都有正反兩面的研究論文存在。任何有心人，都可依其所需找到足以「證明」其理論的科學根據，然後將那鍋謊言越煲越沸騰。

像巴西莓、枸杞子或奇亞籽等所謂的「超級食物」，現在賣得強強滾，完全不讓人意外，因爲這些東西都被人信誓旦旦地強調具有「可茲證明」的療效。這些超級食物的產品說明，都寫得宛若參加某寫作工作坊的結業作品：起手式一定是，在地球遙遠的某個角落，有個精力充沛又長壽的民族，在因緣際會之下，某人不經意發現了他們常保健康長壽的祕密——是種子！當他吃下了這些種子，身上的病竟然不藥而癒，於是，他只花了區區十分錢就把當地農夫的收成全都買下，並賣出荒謬的高價。至於，這些超級食物其實已經被大量生產，大多都經過農藥處理，甚至在運送前還為了防止蟲害而噴藥，沒人願意相信，但卻是鐵板一塊的事實。其實，在德國土生土長的亞麻籽也富含 Omega-3 脂肪酸，路邊野生的黑莓說不定比祕魯的莓果還健康呢。

順道一提，麩質其實是一種由醇溶蛋白（Prolamin）與麥穀蛋白（Glutelin）群所組成的蛋白質混合物，而小麥中的穀膠蛋白（Gliadin）和麥穀蛋白在碰到水後會結合起來，麩質就出現了。只要小麥中八分之一公克的含量，就足以引發症狀，並以此確診某人患有乳糜瀉。如果毫無症狀，那麼堅持每週一天的無披薩日就沒什麼道理，就如阿茲特克古文明恐怕也料想不到今日奇亞籽的大放異彩一樣。在十四至十六世紀間的中美洲墨西哥古文明，「超級食物」奇亞籽早已成為交易的物品——一般是作為鳥飼料使用。

28 Der gutaussehende Experte

帥哥美女專家

三天後我就會跟葛妮
絲派特洛一樣正……
那就是星期六……
哇，太讚了。

想像一下：你下定決心要改變飲食習慣，立志要吃得更健康，也就是多吃蔬菜水果。於是，你到書店想找些書來參考，碰巧遇到一位朋友，你們便聊了起來。這位體型頗有分量的小姐也在找類似的書，並且十分關切飲食方面的主題，但比你厲害的是，她已經拜讀過各式各樣的相關書籍，參加過無數研討會，也試過超級多種飲食方法，甚至還找過營養師做過諮詢——然後現在，也不管你想不想聽，立刻熱心地想給你一些建議。那麼你當下會怎麼反應呢？或許，會有點意興闌珊吧，因為雖然你努力集中精神聆聽她的滔滔不絕，但只要瞥到她的腰圍，就會覺得那些建議實在沒什麼說服力啊。但也很有可能，不是那些建議不好，只是你從錯誤的人口中聽到那些想法。

回到家中，你窩在沙發裡翻閱最新的時尚雜誌，艾勒麥克法森（Elle Macpherson）這位前超級名模，現在的身分是活躍於抗老時尚界的凍齡美魔女，正在封面裡直勾勾地盯著你瞧。她現年五十一，但怎麼看都至少年輕了十歲，身材呢？簡直是夢幻等級。那她發出什麼訊息給你呢？很簡單——「自己感覺舒適，細胞有充足養分，外表就會青春美麗。」

而她個人愛用的「超級食物」，既不是枸杞子也不是奇亞籽，而是一種鹼化的營養補充劑「The Super Elixir」（直譯爲無敵仙丹），這種綠色的神奇粉末能讓人保持身心舒暢、神采奕奕，可紓減壓力和疲勞，還能防止皮膚老化。價格呢？九十九美元一瓶。你開始認眞考慮，是否眞的要買一罐來試試。

另外，曾獲奧斯卡最佳女主角獎的知名女星葛妮絲派特洛（Gwyneth Paltrow），如今也變身爲健康飲食專家，她在所經營的生活風格網站 Goop 上示範一些女性雜誌上常見的小撇步——差別在於，經她的名人身分加持後，那些內容似乎顯得更專業，也更具有可信度，雖然，她根本就不是那個領域的專家。但與你在書店巧遇的朋友比起來，明星光環硬是讓她所說的話多了一分智慧與權威。跟她一樣正耶，那該有多好啊！像她一樣成功，說有多讚就有多讚！所以她的建議肯定不會錯啦。

這個讓我們一步步踏入的陷阱，心理學上稱爲「月暈效應」（Halo-Effekt）。Halo 是個英文字，可翻譯成聖人頭上的光環，這種暈眩的效應讓我們目不暇給，不知不覺便會扭曲眞相。客觀的評估條件？不重要。反正，只要我們越衝動、越快下定論，陷入月暈效應陷阱的危機就越大。

不過這個月暈效應，可不是什麼新名詞，早在大約一百年前，美國心理學家愛德華．桑代克（Edward Lee Thorndike）便提出了這個概念。在第一次世界大戰期間，桑代克研究上位者會如何評價自己的下屬，他先請軍官就以下幾個重點來評估士兵：體能狀態、性格、領導能力與智能。結果，那些長相較佳，並且有副健美標準身材的人，比起他們平庸的同袍，普遍得到比較好的評價。到了今天，有更多認知偏誤方面的研究出現，最受青睞的主題便是「月暈效應」。

名人推薦的飲食撇步，更因爲社會現象的轉換而受益——今日的食物已經不單單是食物，更是一種生活風格的宣言。另外，還有一個超神奇的名詞，不僅讓大家趨之若鶩，如葛妮絲派特洛之流更不厭其煩地一再呼籲，那就是「排毒」（其實就是禁食），一種試圖讓大家脫去一層皮，洗淨現代人汙穢身軀的方法。到處都可以聽到有人說，清理身體有多麼多麼的必要，況且人類簡直自作孽不可活，愛吃甜食與小麥製品，喜歡猛灌咖啡與酒精，還使勁地把漢堡往肚子裡塞，沒事就愛啃啃零食，總之，都是這些令人髮指的飲食習慣讓自己的體質過酸——尤其是週末或放連假時就更慘了。所以，排毒是種懺悔。但其實，一個健康的身體根本不需要排毒，因爲它自己就擁有一套幾近完美的潔淨系統，而且會不分晝夜地自行完成任務。何況，若是眞的中了什麼毒，一杯綠色果泥也救不了你的啦。

結論：下回，若又有某位好心人想給你什麼建議，先別急著下評論，不如放輕鬆，好好端詳一下這位人士——在心裡打叉叉還是可以的。

29 Der Health-Halo-Effekt

健康月暈效應

在土耳其伊斯坦堡新建案密集的巴薩克拾爾區，地方政府放養了四萬五千隻青蛙，爲的是讓居民覺得自己的家很接近大自然，而在食品產業裡，青蛙也宛如是種「自然標章」，這種行銷手法稱作「漂綠」（Greenwashing）。其他諸如「當地產品」、「公平交易」、「農家自產自銷」、「純天然」、「自然」、「嚴選作物」之類的標誌，聽起來似乎都是有機食品，實際上並不是經國家認證的標章，更別提是否符合環保概念了。說實在的，業者愛怎麼寫就怎麼寫，而這又是「月暈效應」惹的禍，只要引發了這個效應，產品價值自動水漲船高，並且會沒來由地被導入一種概括性的結論。於是，大家才會認爲「當地」就等於健康，絲毫不在乎這個「當地產品」是怎麼個當地法——是種在高速公路旁的白蘆筍田，還是緊鄰核能電廠？這些都無關緊要，因爲那完全不是大眾關注的焦點。德國波昂的科學家證明，每當我們注意到食品上有印有機標章，大腦中那個屬於獎勵機制，被稱爲腹側紋狀體（ventrales Striatum）的區域就會活躍起來。這在常常購買有機產品，並已經對之產生月暈效應的人身上最看得出來——他們已經習於爲自己一絲不苟的購物態度感到自豪，並願意爲之付出較高的代價——大約比一般消費平均還多花四十五%吧。

至於，要讓人違背常識地上當到底有多容易，看看美國德州大學的一項研究就知道了，當受試者讀了包裝上「超值健康」、「保護細胞」、「強化免疫力」、「富含膳食纖維」或「減脂」之類的詞彙後，不約而同地覺得眼前的水果穀物棒、早餐穀片、花生醬或櫻桃汽水等等眞是有益健康。但這些詞彙其實都是實驗負責人事先以電腦去除或加上去的，例如櫻桃口味的七喜說穿了只是水、糖、果糖漿與色素的結合，但如果加上一個「含抗氧化劑」的標籤，似乎就讓人頓時感覺「健康」不少。針對此現象，《紐約時報》專欄作者暨暢銷作家麥可．波倫一語中的，「爲了吹捧某食品有多有益健康，首要之務就是加在包裝上，所以才會有人說，包在裡面的說不定只是某食品加工過的產物，根本不是眞正的食品。」例如塑膠瓶裡的番茄醬，雖然包裝上鐵定畫著番茄，但那根本「不是眞的」。

在標章與詞彙的連番播送下，甚至還會產生「安慰劑效應」。有個實驗是這樣的，負責人把受試者送上心肺功能測試腳踏車上，並把顯示速度的功能關掉，並且在進行之前，每個受試者都可以啃一把「大學生飼料」★。有意思的是，研究人員若跟他們聲稱這是「健身零食」，大家不僅會吃得比較多（多吃五十至一〇〇卡路里），而且做起運動來也顯得較爲氣定神閒，若在包裝上加雙運動鞋圖片，效果還會更加顯著。「看來，受試者應該是把那個『讓人精力充沛』的食物，當作身體運動的替代品了。」負責人下此結論。而最容易受到這種健身效應左右的，就是那些在問卷上表示自己有過重問題，並且想要瘦身的人，「這群人，早就學會要對大家都知道的洋芋片與薯條說不。但這些健身補給品，根本不會讓人有戒心，甚至還頂著一圈健康的光環。」負責人如此警告。這眞是太危險了！因爲再這麼吃下去，這些人很快就會事與願違了。

結論：認證標章並不能確保食物的天然與有機價值，幾隻青蛙也不代表會有池塘，更別說是否能成就一個生態社區了。不過，人一旦習慣了這些青蛙與標章，幸福感也是會油然而生的。

★譯註：德國超市常見的一種零食，內容多為水果乾與核桃、腰果、花生等堅果類組合，俗稱「大學生飼料」（Studentenfutter）。

30 Die Feeding Clock

餵食鐘

眼前，有趟十二小時的飛行等著你，去香港開會，而且還是經濟艙。太恐怖了，有點怕坐飛機就算了，想到要塞在狹小的空間裡那麼久，才令人頭皮發麻。更慘的是，抵達目的地後的第一天，還覺得渾身不對勁，頭痛、疲倦、失眠、頭昏腦脹樣樣來，尤其是消化問題更傷腦筋。我們所飛越的時區越多個，這些問題就會越嚴重。若往德國的西邊飛，例如去洛杉磯，那種整個身體完全隨風飄盪的感覺，雖然不會比去東京慘，但也夠慘的了。奇怪的是，爲什麼就沒有人會看起來像史嘉蕾喬韓森（Scarlett Johansson）在二〇〇三年上映的小品電影《愛情，不用翻譯》（*Lost in Translation*）中那樣唯美，失眠了就佇在東京旅館窗台邊，靜靜看著夜晚消失。反倒是比爾莫瑞（Bill Murray），他那翻來覆去皺成一團的臉，可能比較貼近事實。

當然，要讓身體快點恢復正常，早就有各種方法可解。多年來，大家尤其把重點放在光線之上，覺得這是影響我們生理節奏的最重要因素，所以我們才會看到，有些旅人因爲怕自己被光線刺激過度，因此等在機場的行李輸送帶前時就會戴起太陽眼鏡，即使太陽根本就快下山了也不管。

其實，我們體內還有第二個生理時鐘，即稱爲「餵食鐘」（feeding clock）的機制。科學家以老鼠進行時差狀態實驗後發現，白晝時的用餐時間是很重要的。研究人員只要把餵食老鼠的時間稍加更動，牠們的腸道菌群生態就會一團亂。不過好消息是：吃對東西就可以把我們的生理時鐘調整過來。

一九八〇年代時，美國伊利諾州的阿岡國家實驗室（Argonne National Laboratory）的生物學家埃雷特（Charles F. Ehret），發展出一套對付時差的飲食方法，得在出發前幾天就開始進行（不管你往東或往西飛都一樣）。簡單說起來，就是大吃與節食（葷／素）每天交替進行，並且只能在每天下午三點至五點間飲用含咖啡因的飲料。這套作法的概念是要在眞正出發旅行的前幾天，就先把身體搞得暈頭轉向，也就是一種讓身體密集承受負荷的策略。埃雷特於一九八三年出版的作品《克服時差》（*Overcoming Jet Lag*）賣得相當好，他兒子有回在受訪時說，當時請他爸爸幫忙的人絡繹不絕，其中還包括前美國總統雷根與搖滾天團史密斯飛船。

晚近到二〇〇四年時，有科學家改良了埃雷特的飲食法，將過程簡化，先在飛抵新時區的十二至十六小時之前嚴格禁食，坐飛機的期間則要多喝水，而且只能喝水。這樣身體就會自動進入停機狀態，抵達目的地後就可重新開機——完全就跟你的生理時鐘一樣。至於飲食內容，到達目的地的第一天，建議晚餐多吃含碳水化合物，也就是會讓我們產生睡意的餐點，例如馬鈴薯、米飯、麵條、富含膳食纖維的麵包等，然後喝些熱巧克力，千萬別喝啤酒。那早餐呢？若不是素食者，來份豬里肌或火雞肉三明治都很不錯，牛奶、雞蛋、優格與堅果也可以。

不過怪的是，科學家似乎覺得長時間在飛機上挨餓不會有什麼大礙，但因血糖降低而造成情緒低落，難道不悲慘嗎？也許坐商務艙會好過一點。但無論如何，挨餓就是很殘忍的事，一路上肚子咕嚕咕嚕叫，脾氣再好的人也會受不了吧，若再加上鄰座傳來陣陣汗臭味讓人坐立難安，恐怕還會抓狂到最高點。所以，到底有誰會那麼堅忍不拔，願意跟數百個飢腸轆轆又血糖值過低的人，一起飛越廣闊無邊的大西洋呢？

其實，飛機上很受歡迎的番茄汁，可以讓大家好過一點，或許你剛好就是那個只有在飛機上才會想喝番茄汁，而且每坐必喝的人。但爲什麼會想來杯番茄汁呢？在三萬英尺的高空上，空氣極其乾燥，濕度有如置身於沙漠中（呼吸道會因此變乾），加上較低的氣壓（氣壓相當於海拔兩千至兩千五百公尺高的地方），所以食物入口的味道也會改變。漢莎航空（Lufthansa）曾經委託德國、同時也是歐洲最大的應用科學研究機構弗勞恩霍夫研究所（Fraunhofer-Institut）進行一項測試，並確定「在正常氣壓下，番茄汁喝起來似乎有股霉味，所以不太受歡迎。但若在空氣較稀薄的高空上，番茄汁一入口卻會散發迷人的果香，而且非常甘甜沁涼。」在氣壓較低的狀況下，所謂的氣味與味覺波會升高，所以大家都好像處於鼻塞的狀態中聞到食物與飲料的味道。這會大爲影響我們對鹽、糖與香料的感受，但若是屬於鮮味（飽滿、濃烈的口味），例如番茄汁這種富含天然麩胺酸的飲料，就反而占便宜，因爲本來在海平面我們會覺得過於濃烈的味道，在高空中反而被淡化了。

結論：若你想在飛機上輕鬆睡個飽，不如來杯血腥瑪麗吧。

31 Mieze zum Frühstück?

小貓當早餐？

為何貓咪就可以窩沙發，小牛卻得躺在盤子裡

大家都說，狗與主人會長得有點像，不知這是純屬巧合，或是大自然的玩笑，抑或單純只是我們的想像力太豐富呢？「其實，我們之所以看到動物會滿心歡喜，是因爲好像活生生看到自己很單純的存在。」德國哲學家叔本華（Arthur Schopenhauer）如此寫著，他可是位超級愛狗人士。現今有些寵物的生活可說是極其奢華，不僅享有特製美食，還有專業的美容與照護服務，然而即使是作爲家畜的某些動物，也常會溫暖我們的心房，看看小羊，好可愛喔！小牛，好漂亮喔！至於，可愛的羊咩咩在變成燉羊肩這道菜之間到底發生了什麼事，就讓它留在黑盒子中吧。我們的道德意識非常細心地幫我們把「動物」與「肉類」區分開來，彷彿這兩樣東西毫不相干似的，而即使我們眞的「基於良心」不吃肉，有時卻也會在雙腳套入暖呼呼的羊毛鞋時不會感到有何不妥。心理學上稱之爲「認知失調」，指稱一個人的願望、期待、信念與其行爲不符合的狀態，例如我們會一邊稱讚自家寵物有多聰明，卻又對家畜的智能置若罔聞。

豬的聰明是出了名的，這個農夫都知道，所以他們才會特別注意一定要把門閂閂好。

一七八九年，英國自然學家吉爾伯．懷特（Gilbert White）寫下了一隻聰明母豬的故事，這隻母豬自己開了大門，「以及接下來所有的門，獨自步行到一隻公豬的遙遠農舍處所；到達目的地後，又循著同一條路回到家中。」不過，倘若有人正邊翻書邊啃香腸，聰明動物的故事還是先擱一邊吧。

澳洲學者曾做實驗研究這種微妙的氛圍，實驗一開始，他們先請受試的大學生對三十二種動物做出評估，要他們想想，這些動物是否具有心智能力，包括恐懼、喜悅、道德判斷與記憶力等。最後，他們還必須決定「吃」或「不吃」？結果，他們評爲越具感受力的動物，越讓他們難以下嚥，對動物智力的推測，深深影響了一個人的胃口。

不過這個實驗並不能解決爲什麼明知某些動物有感覺、智力也不差，甚至還滿可愛的，但我們仍然照吃不誤。於是，學者只好繼續埋頭研究，實驗中受試者被分爲兩組做問卷，不過A組會多得到一張圖片，圖中是一頭正在吃草的羊或牛，並且附上簡短說明，敘述這隻動物如何在這個牧場上與周遭的生物共度一生。B組則是先塡問卷，然後得到一張動物的圖片，圖中透露這些動物即將被載往屠宰場，而宰殺處理過後的肉，會被分裝送往超市販賣。最後階段，則是請所有受試者估計這些動物的智力，評估結果令人震驚：B組比A組有更多人認爲那些動物沒有多聰明。可見對肉類的加工描述，減輕了肉食者的心理障礙，可作爲緩和心理衝突的正當理由，並進而否認動物的心智能力，而正在大啖肉類的人，更會激烈否定動物的智能。

美國心理學家梅樂妮・喬伊（Melanie Joy）認爲，這是一種無形中讓眾人信服的體系，她稱之爲「肉食主義」（carnism），這整個體系阻斷了我們的意識與同理心，程度取決於不同的文化圈與動物，有時較輕微，有時十分嚴峻。吃狗？絕對不可能，我正在摸牠耶。那麼，貓呢？難以想像，牠正依偎在我腳邊取暖呢。另外，喬伊也認爲此種否定具有很重要的意義，而就減輕心理負擔來說，很實用。所以，處理過的肉類上桌後，就會被稱爲維也納炸肉排、俄羅斯酸奶牛肉或紅酒燉牛肉等令人食指大動的菜名。此外，根據喬伊的說法，我們還會搬出三「N」抗辯防禦機制，也就是吃肉是正常（normal）、必要（necessary）與自然的（natural）的行爲。不過，有時候同理心也是會占上風的，就像當小豬魯迪★又闖禍了，老爸高聲飆罵「這隻豬得給我滾！」時，孩子們就會同聲哀號，「可是，牠是魯迪耶！」——這時，小豬就迅速從動物翻身成人類的好朋友了。

★譯註：小豬魯迪（Rudi Rüssel）是一九八九年出版的德國兒童故事《小豬快跑》（*Rennschwein Rudi Rüssel*）中的角色，一九九五年更改編成電影上映。

32 Das Sauce-béarnaise-Syndrom

荷蘭醬症候群

換個口味，來道珍釀天竺鼠如何？或者烤大老鼠？不然，油炸天蠍，或是那個被義大利薩丁尼亞島人視為珍饈，但在黑市才買得到的活蛆乳酪？還是，要嚐嚐瑞典名產鹽醃鯡魚呢？這種發酵鯡魚罐頭，據說一開罐就臭氣沖天，甚至可能能直接把人熏昏。另外，紐約東村（East Village）有家名為 Maharlika 的菲律賓餐廳，菜單上有道「鴨仔蛋」料理，這種孵過的鴨蛋可說是菲律賓的獨門料理，一來是因為當地人大量養殖鴨子，二來是因為當地人相信，這種蛋吃了有滋陰補陽的效果。最完美的吃法是，蛋在孵化機或溫度保持四十二度的沙中孵上十七天後，再拿出放在鍋裡煮個二十至三十分鐘，等雛雞肧胎在蛋中死亡後便可食用，當然，要生吃也是可以的。

不過，吃這種蛋感覺滿野蠻的就是了，那也是對我們道德意識的嚴峻考驗，恐怕要百無禁忌才吃得下去。想想，那些小鴨連看一眼世界的機會都沒有！也不能跟同伴玩耶！再想想，若端上桌的是煮熟的狗肉，大家恐怕也要連聲作嘔了，但這要換作是在中國，有些人可是會滿心歡喜地食指大動。畢竟，各國各地的風情民俗眞的大不同。德國科學暨醫學史家馮恩格哈特（Dietrich von Engelhardt）指出，「飲食文化爲單一個體定義出一個粗略的框架，人們在其中各自發展口味偏好。」若超出了這個範圍，在成長過程中就會不斷被批評（「沒有人會吃這種東西啦！」），而一旦在某個飲食文化裡社會化後，此框架會經由學習經驗內化，即使是在無意之間有所逾越，也會感到噁心與不舒服，就像那種知道自己剛剛居然吞下狗肉的心情。

除了文化差異所造成的噁心厭惡感之外，飲食上的偏愛與排拒，也具有非常重要的功能：它警告我們遠離可能罹患的疾病與感染機會，這是一種求生存的本能，若沒有這種直覺，「無所不吃」的人類遇到有害的食物與食材時就會不知所措。當看到其他人臉上出現的噁心表情——全世界人的反應倒是非常相像——就會知道那東西最好少碰爲妙。倫敦大學衛生及熱帶醫學院（London School of Hygiene & Tropical Medicine）的人類學與流行病學學者瓦萊麗・寇蒂斯（Valerie Curtis），多年來致力於研究這種噁心感，她發現噁心是無法學習的，而是演化過程的發展結果，深深烙印在我們的基因之中。她曾做過一個受試者遍及全球且人數高達四萬人的實驗，她給受試者觀看各種不同圖片，包括流血、糞便、屍體、創傷膿腫等不堪入目的畫面，結果，不分文化與地區，幾乎所有看過的人都出現了強烈的噁心反應。

讓我們回到飲食層面的討論，心理學家保羅．羅津也做過噁心感覺的相關研究，他曾請美國大學生試吃狗大便形狀的巧克力布丁，結果，很多人都堅決拒吃。光是入口前所引發的聯想，就讓人倒盡胃口了——但三歲以下的小孩可不受影響，他們還有很堅強的噁心抗受力。另外，若用醫院裡全新的尿瓶裝蘋果汁或湯，再用全新的梳子攪一攪後拿給人喝，應該也會有很多人無法克服心理障礙。一隻蜘蛛從熱騰騰的麵上爬過，就足以讓我們嫌惡地把碗推開，蒼蠅浮在早餐麥片粥上也一樣，而一顆腐壞、佈滿白毛的蘋果，更會讓整籃蘋果都爛光光。那種噁心厭惡的感覺具有其感染力，情緒心理學上稱這種汙染原理為「中毒」，無論是離那個噁心的源頭是真的很近，還是只是以為很近，甚至是直接碰觸到，都會產生這種感覺，羅津稱之為「相似法則」（Low of Similarity）或「傳染法則」（Low of Contogion）。

另外，或許很多人都有過這種經驗，也就是看到特定食物後，便會回想到某段不愉快的過去，而那種不適甚至還會引發劇烈的噁心感。美國心理學家馬丁．塞利格曼（Martin Seligman）稱此現象為「荷蘭醬症候群」（Sauce-Bearnaise Syndrome），這要從有回塞利格曼與太太外出用餐說起，他點了最愛的菲力牛排佐荷蘭醬，用畢不久後他便吐了。這些噁心與嘔吐其實與牛排和醬汁都無關，罪魁禍首是流行性腸胃炎，但等腸胃炎好了，那種嫌惡的感覺卻揮之不去——而且他只對荷蘭醬有反應，而不是牛排。多年過去，他還是一聽到那個名詞就反胃，也就是說，他被負面感覺制約了。

某些專家信誓旦旦地說，未來我們可能得吃一些今天看了就會發毛的東西，例如人造肉與昆蟲，尤其是富含蛋白質的白蟻、蚱蜢與毛毛蟲等。所以，我們最好從現在就開始適應吧。

33 Der Ton macht den Appetit

樂曲悠揚促進食欲

法國餐館裡，洋溢著義大利歌神艾羅斯雷瑪若提（Eros Ramazzotti）的傷感歌曲，這大概就跟義大利餐廳播放法國傳奇歌手阿茲納弗（Charles Aznavour）的音樂一樣，是在拿自己的生意開玩笑吧。而邀請朋友到家中聚餐，我們也大多會選擇輕柔的音樂當背景，很少人會挑重金屬樂團還大聲播放的。這在心理學上稱爲「一致性」（Congruency），一切好像都很理所當然，但實際上，是我們太少去細細品味其箇中巧妙。用餐時的音樂，絕對不僅僅是舒適的陪襯旋律，事實證明，其大大影響了食物的滋味。英國航空（British Airways）在長程班機上，會配合菜單播放適合的音樂，讓旅客得以稍微緩解一下因飛機噪音、氣壓改變與乾燥空氣而欠佳的胃口，就連曲目播放順序都會事先設定好。前菜上桌時，先來首美國爵士樂之父路易斯阿姆斯壯（Louis Armstrong）吧（搭配口味較濃烈的料理），不然就是保羅努提尼（Paolo Nutini）（蘇格蘭鮭魚當然要配蘇格蘭歌手），主菜適合搭配法國作曲家德布西（Achille-Claude Debussy）或英格蘭創作歌手莉莉艾倫（Lily Allen），至於上尉詩人詹姆仕布朗特（James Blunt）或流行天后瑪丹娜（Madonna），就在吃甜點的時候聽吧。這個安排是在牛津大學的建議下所做的調整，牛津大學已經做過許多研究來探究音樂對味覺的細微影響。有回，英國航空的「菜單設計經理」馬克・塔契歐里（Mark Tazzioli）受訪時說道，搭飛機時我們的味覺會比平常遲鈍約三十%——而身爲一位行銷專家，當然是要盡其所能地逆轉這種情況。

將音樂與佳餚配對成雙的科學實驗起於一九九七年，英國鬼才廚師布魯門索的肥鴨餐廳（The Fat Duck）向來以別出心裁的感官體驗著稱，便成了這項實驗的最佳處所。「海洋之聲」這道料理於是在倫敦城外的肥鴨餐廳堂堂上菜，端上桌時，盤子上有只貝殼，貝殼中放了個 iPod，客人只要把耳機戴上，就會聽到海浪聲與海鷗鳴叫。然後，沉浸在海灘風情中的客人，對入口食物的新鮮度就會讚不絕口——彷彿自己吃的都是現撈海鮮一樣。另外一個實驗，則是請客人吃名爲「煤渣太妃糖」的甜點，這是種甜苦參半的牛奶糖，把糖含在口中的人若聽到高音，嚐到的多半是甜味，但若音調轉爲低沉，苦味就會出來掌控大局。你也可以在家自己試試看，只需要黑巧克力與一杯黑咖啡，先來首瑪丹娜的〈光芒萬丈〉（Ray of light），之後再聽聽三大男高音之一的多明哥（Placido Domingo），看看會有什麼感覺。

如果高音可以讓巧克力嚐起來比較甜，那同理可證，是不是也可以用來引出酸澀葡萄酒的甜味呢？顯然是可以的。在德國漢堡證券交易所大廳的「良好禮儀」葡萄酒展上，主辦單位特別舉辦了古典音樂會來搭配品酒活動——由國際知名的奧地利 Trio Alba 三重奏樂團為每一款葡萄酒獻上最完美的樂曲。不過呢，實際上，這裡提供試喝的每款酒根本都是相同的產品，但隨著樂曲的起伏轉折，葡萄酒的滋味也隨之悠轉——樂曲音色越柔和，酒的口感就越溫潤。差距大到讓現場觀眾無不信誓旦旦地說，他們喝的每杯酒都是不一樣的。

漢堡音樂與戲劇學院院長埃瑪．蘭普森教授（Elmar Lampson），形容聆聽的過程是一種結構式的意義產生過程，在這過程中，耳朵與大腦一起引發聽覺反應，「聆聽時，意識的座標產生移動，讓人彷彿進入另一種狀態。所以，當我側耳聆聽，其實並不僅僅是聽——而是宛如正處於一個聽覺的空間裡，可以感受到冷、熱與觸感，還有氣味，一切有如身歷其境。那是一個思想與感覺交互流動的地方。」蘭普森進而指出，我們的聽覺潛能根本還沒完全發揮，「音樂對人類的自律神經系統有直接的作用，那作用比圖像還要直接。一些無意識且富於情感的振動，都會在其中產生。」

照這樣說來，未來，我們是不是會像德國浪漫派作曲大師理查．史特勞斯（Richard Strauss）一樣，想幫菜單上每道料理都譜上一曲呢？以牛排館為例，如果需要重口味的音樂加料，就來首英國電子搖滾天團「化學兄弟」（The Chemical Brothers）的〈失控〉（Out of Control）吧，或是德國樂團「德國戰車」（Rammstein）的重金屬搖滾樂，柴可夫斯基的〈一八一二序曲〉（Ouvertüre 1812）也很不錯。不過，這麼做或許也凸顯了他們家餐點的濃郁口味，可能不是每個人都敢領教。所以重點是，選擇「正確的」音樂，這也能提高小費收入呢。澳洲科廷大學（Cartin University）的音樂心理學家艾德里安．諾思（Adrian North）觀察到，用餐的客人在不同的背景音樂之下，會出現不一樣的行爲反應，古典音樂流暢其間時，顧客會更有意願加點些前菜、甜點與咖啡，好好享受一番，小費給的也會更大方，若播放的是流行音樂，客人雖然仍然會給小費，但金額會大減，如果完全沒有放音樂，小費就會少得可憐了，因爲客人會覺得應該趕快吃飽了事。而若想來點特別的體驗，古典音樂的助益也最大。此外，諾思還意外發現音樂也會影響用餐的速度——聽古典音樂時，咀嚼速度會變慢，並會花比較多時間來好好享用一頓餐點，反之，節奏快的音樂就會讓人不禁開始奮力嚼嚼嚼。

結論：下回舉辦晚宴時，最好放古典樂吧。

34 Status-Angst à la carte

點菜焦慮

位於瑞士巴塞爾的米其林三星「白馬餐廳」（Cheval Blanc），菜單上有布列塔尼龍蝦、黑松露，以及特選自費雷特「安東尼大師」（Maître Antony）的各式軟硬乳酪，這可是全法國最頂級的乳酪坊。而位於義大利南堤洛聖卡夏的米其林二星餐館「聖胡貝圖斯」（St. Hubertus），則供應北義大利伊塞奧湖的沙丁魚。德國法蘭克福最棒的餐廳「拉弗勒」（Lafleur），打開菜單印入眼簾的則是「蘇格蘭醃漬干貝」與「歐登瓦德山區鹿肉」這樣的料理。

前往星級餐廳用餐的人，總是期待能吃到極品中的極品，不過這可不表示，他們就不需要一份解說完善的菜單。而每份菜單，都是產品說明的彙集，是販售與調控的機制，無不希望能喚起顧客的聯想、期待與迫不及待的心情。倘若在菜單上陡然出現貝南德．安東尼（Bernard Antony）這位「起司界掌旗手」的大名，不但不會陌生，還會倍感親切，瞬間覺得自己的層次提高不少，只因已在許多報章雜誌上看過他的鼎鼎大名。至於聖卡夏那精心調製的沙丁魚，光是想到這魚是土生土長，不須長途跋涉，在咬下那第一口之前，就已經預期了精緻的口感。

語言的力量一向頗受各科學研究的青睞，二〇一四年有本非常有趣的書《餐桌上的語言學家：從菜單看全球飲食文化史》（*The Language of Food: A Linguist Reads the Menu*）問世，作者是美國史丹福大學語言學教授任韶堂（Dan Jurafsky）。讀這本書不僅可一窺番茄醬的歷史，作者並與卡內基美隆大學（Carnegie Mellon University）的學者合作開發出一套電腦程式，從網路上取得美國七個城市的六千五百份菜單加以研究，菜單上的價格從便宜到極其昂貴都有。經電腦程式分析堆積如山的資料後發現，高檔餐廳提到食材來源地的次數，是廉價餐廳的十五倍以上，「堅持說明食材產地是重要指標，這表示某人正身處一家昂貴又不同凡響的餐廳。」

大家都知道，若在速食餐廳，我們會在那（通常黏答答的）塑膠製菜單花費很多時間，上頭的菜色琳瑯滿目，還可以決定要點大份還是小份，以及哪幾種配菜——一種H&M式的餐館概念（不同於 Dior 式的低調美食餐廳）。這到底透露出何種端倪，任韶堂用數字來說明，「我們發現，高檔餐廳提供的菜色約是廉價餐廳的一半，而且提到主廚的次數是廉價餐廳的七倍之多。」

低價或中價位餐廳，通常還喜歡加一些沒什麼實際意義的形容詞，例如好吃、金黃、清脆、美味、細嫩、柔軟、新鮮、果香之類的，但到底爲什麼有需要再三強調沙拉吃起來很清脆爽口呢？這不是理所當然的嗎？顯然不是喔。美國語言學家馬克．利柏曼（Mark Liberman）建議我們，把菜單上過度強調的某些特點，當作是「對某狀況的恐懼」，中價位餐廳擔心顧客對菜色的品質有所質疑，所以就小心翼翼地用白紙黑字來保證，一切都新鮮、爽脆又好吃喔，那種強調自家調製、阿嬤祖傳配方的懷舊式菜單也是同樣的道理。研究顯示，那些涉及口味的字眼，會提高我們初級與次級味覺皮質區的活動，而這個區域專責處理由舌頭味覺受器所傳來的訊息——只要讀到，或甚至光是想到某個了不得的美食，就足以讓人如俗話所說的口水直流。

美國杜克大學心理學暨行爲經濟學家丹．艾瑞利在他的著作《誰說人是理性的！消費高手與行銷達人都要懂的行爲經濟學》（*Predictably Irrational. The Hidden Forces That Shape Our Decisions*）一書中，請讀者一起動動腦，如果他要爲女兒的婚宴請外燴，應該聘用哪家業者比較好。第一家是「約瑟芬的外燴團隊」，他們引以爲傲的招牌菜是「美味的亞洲式薑汁嫩雞」與「香氣十足的希臘式沙拉佐卡拉瑪塔橄欖與菲達起司」。另外一家是「廚藝之感」，提供的菜色則是「嫩煎有機雞胸肉薄淋梅洛紅酒醬（Merlot-Demi-Glace），佐以色列香料庫斯庫斯」及「幼嫩義大利聖女小番茄佐清脆爽口綠葉沙拉及溫潤山羊起司，拌果味香醇的覆盆莓醋」。雖然我們無法眞的確定「廚藝之感」的食物會比「約瑟芬的外燴團隊」美味，但光憑那詳盡細膩的說明，就讓那道山羊起司綜合沙拉大勝，至少艾瑞利是這麼認爲啦。但若是語言學家任韶堂的觀點呢？他說不定會奉勸大家，最好別考慮這家餐廳。

而位於美國芝加哥的頂級餐廳 Alinea，則對這種天花亂墜的語言遊戲很不以爲然，所以就用標點符號來表達對他們對自家羊肉料理的自豪：

「羊肉……?·?·?·?·…………!·!·!·!·!·!·!·!」

我們就當作眞的宇宙超級霹靂無敵好吃吧。

35 Das Doggy-Bag-Paradoxon

「狗袋」謬論

為什麼我們不喜歡把剩菜打包帶回家

你與朋友坐在一間中價位的餐廳裡，光前菜就已經分量十足，主菜更是讓你撐破肚皮，堆得像座山的義大利麵，你連一半都吃不下。這時，你會請服務生幫你打包嗎？你會跟人家要個打包用的「狗袋」（Doggy Bag），把剩下的美味麵條外帶回家嗎？

影響你決定的因素有很多，例如跟你同桌進餐者的行爲——你是當中唯一想打包的人嗎？別人的觀感，對你來說有多重要？你會怕自己這樣看起來小氣又沒文化嗎？你是外向型或內向型的人？另外一個因素也很重要，那就是你身處什麼樣的國家。在美國，由於食物的分量都十分驚人，所以服務生絕對會二話不說地拿給你，美國可說就是打包袋的發源地，一九四三年正處於二戰時分，食物皆須配給，「狗袋」就在加州誕生。英國歷史學家艾倫．戴維森（Alan Davidson）在一九九九年出版的《牛津食物指南》（*The Oxford Companion to Food*）一書，節錄了以下名句，「這頓晚餐你吃得很高興嗎？有好東西不要獨享喔，想想在家癡癡等候的小狗，幫牠帶根美味的骨頭吧。」起碼，官方說法是，「狗袋」是爲了家中飢腸轆轆的小狗才橫空出世。

而這個在美國無論是過去或未來都會持續存在的現象，在其他地方，卻可能會因歷史與文化因素而遭到嗤之以鼻。法國當然不會例外，法國社會學家尚・皮耶・寇波（Jean Pierre Corbeau）指出，過去的市民與貴族階級有個故意不把盤中食物吃乾抹淨，藉此強調自己糧食不虞匱乏的不成文規定，不過比較底層的民眾，卻從小就被諄諄教誨，每餐都要把飯吃光光。另一方面，法國餐點的分量並不會多到令人害怕，法國人也不像美國人那麼常外食，所以打包袋對他們來說益發陌生。即使有剩菜剩飯，法國人也不覺得熱一熱就可以當下一餐，不過，打包袋在這美食國度似乎有逆轉的趨勢，大家正積極想把對打包袋的嫌棄轉爲熱愛，有爲數不少的高檔旅館與餐廳，正試圖努力減少每日平均約一百八十份餐點所產生的剩菜，所以紛紛準備了打包袋方便顧客使用。不過，這可不是打包袋第一次試圖在法國落腳。

把紅酒燉牛肉裝在保麗龍盒裡帶回家，恐怕也不是只有法國人會覺得難以接受。總之，從「狗袋」之名開始，狗骨頭、狗碗之類的相關聯想就會不斷浮上心頭，怎麼想都覺得怪怪的。

而在英國，「狗袋」基本上也涉及形象問題，尤其在這昔日的大英帝國，家有剩菜仍然是富人與貴族的象徵，英國歷史學家柯林・史賓塞（Colin Spencer）指出，他們慣於將這些廚餘當作家中雇工的供餐——例如廚工。中世紀時，等在深宮大院外的乞丐，三不五時還會得到廚工們吃剩的食物，史賓塞認爲，那種在餐館剩下食物就代表自己有能力的觀念，之所以直到今日都還是很普遍，與上述歷史與「利他因素」不無關係。

康乃爾大學食物與品牌實驗室負責人布萊恩．汪辛克曾在一次受訪中，提到可以用源自行爲經濟學的「稟賦效應」（Endowment-Effekt），來減輕我們對打包袋的負面觀感。根據此理論，我們通常會給予自己所擁有的東西高於實際的評價，顯然，我們也可以把這不合理的行爲延伸到剩餘的食物上面，只要是先重新包裝再交給我們就行了。

結論：養隻狗吧，或事先表明，正在幫鄰居照顧他們家的傑克羅素㹴——這樣起碼有個正當理由去跟人家討個狗袋。法國有些餐廳爲了減輕客人對打包袋的抗拒，特地取了個法國味的新名稱 Le Gourmet Bag——「美食袋」。

36 Der Bridget-Jones-Effekt

BJ效應

人可以被自身的感覺逼到發狂，這我們都知道，無論是個人經驗，在書中讀到、從電影中看到，或是聽別人說的，例子不勝枚舉。雖然已經是老調重彈，但有件事對某些人來說可能還是很新奇——失戀給人的折磨，居然與古柯鹼毒癮發作不相上下。美國心理學家亞瑟．阿隆（Arthur Aron）所致力研究的，就是人際間複雜的架構，以及痛苦失戀時大腦功能的作用。大家都有過這種經驗，失戀時僅僅是看到那人的照片，就足以引發與毒癮者相仿的身體戒斷反應。愛情小說《ＢＪ單身日記》（*Bridget Jones's Diary*）中的女主角ＢＪ就是身陷這種狀態無法自拔，二〇〇一年拍成同名電影之後，更活靈活現地演繹出只要一首歌從廣播傳來，就足以讓ＢＪ撲倒在床嚎啕大哭。這時什麼東西能緩和她的情緒呢？就只有冰淇淋與巧克力了。在突如其來的心痛中，這兩樣東西是她不可或缺的心靈慰藉，堪稱她的靈魂食物，或說「療癒食物」（comfort food）——食物通常是爲了情緒而服務。

那麼，到底是什麼東西，會在某個特定時刻，喚起我們沒來由地對冰淇淋、洋芋片與巧克力的渴望呢？除卻因爲碳水化合物與脂肪的組合啓動了荷爾蒙的調節機制，讓「獎勵荷爾蒙」多巴胺大量釋出以外，首要因素確實就是感官，因爲我們很享受食物在舌尖融化的感覺。爲什麼呢？因爲忙著處理各種濃度不一的物質，亟需我們的注意力，而在享用這些「療癒食物」的時刻，內心可以稍稍喘息。總之，我們分心了，而這種狀態是可以預期的，所以在特殊緊急狀況之下，我們會想迅速取得自己專屬的「療癒食物」。

至於一個人到底多容易受「療癒食物」的影響，則是個性問題。紐約州立大學（New York State University）的社會心理學家希拉・蓋比歐（Shira Gabriel）發現，人類喜歡在社會關係裡留有一種最基本的信任，每當遭受情感上的壓力時，就會想逃到（祖）父母家的廚房躲起來。因此，我們在幼稚園最愛吃的東西，諸如鬆餅、布丁、牛奶米粥或香濃的雞湯，都有可能成爲我們最愛的心靈慰藉，有時甚至僅僅是某食物的香味，就能提供我們慰藉。無論當下是否有旁人給予關懷、微笑或鼓勵——眞正能讓人心情開朗起來的，還是那些食物。而一個好的廣告，就要有能符合這種需求的劇情，訴諸感情的畫面往往最讓人印象深刻，例如人與人之間的親密互動，陌生人的微笑，以及輕鬆舒適的星期日家庭早餐等。每則廣告都在短短的幾秒鐘中訴說一個故事，而故事的可信度越高，我們對廣告商品的情感連結就會越強，而每當我們渴求某種感覺時，持續去買這項產品的機率就越高。

而廠商也巧妙地加以應用「療癒食物」中所含的安定或興奮作用成分，像是可可豆中含有作用類似咖啡因的可可鹼（Theobromin），以及必須胺基酸（Aminosäure）中的色胺酸（Tryptophan），也就是製作「快樂荷爾蒙」血清素（Serotonin）的原料。每當血清素釋出過於活躍，就會耗盡腦中神經傳導物質的有限存量，使得原本期望的舒適感覺，演變成一種上癮。

所以，心情不好時是否該趕快把「療癒食物」吞下肚以獲得平靜呢？最好不要。傷心時會反射性找巧克力棒吃的人，以下實驗鐵定會讓他們大吃一驚：看完一部超級催淚的電影後，受試者可以有以下選擇：A、自己最愛的「療癒食物」；B、自己愛吃的點心；C、一根穀物棒；D、什麼都沒有。無論受試者選的是哪一項，最後的結局都相同——不管有沒有吃讓自己舒心的食物，情緒都會慢慢平緩。即便有八十一％的受試者事先聲稱，他們確信自己的「療癒食物」有助心情開朗。實驗負責人強調，在吃下肚的食物中找尋與情緒間的因果關係，其實並沒有科學根據，「所謂的療癒食物根本是種迷思，」超大杯冰淇淋也絕對沒有什麼神奇的效用，不過「吃個冰淇淋也無妨！即便沒有魔力，仍然超級好吃。」而那種看情緒吃東西，也就是會在心情不好、壓力大、寂寞或無聊時自動啓動洋芋片模式的人，就要注意了——若是飲食行為失去控制，會陷入惡性循環，這時就得靠專業治療才能解決了。

不過，我們的感覺會影響判斷能力，這倒是沒什麼爭議，波動的情緒會使我們難以準確估計食物的卡路里與脂肪含量。在一項實驗中，受試者分別觀看了快樂的、悲傷的或無聊的影片，看完後再來推測果汁機裡的牛奶與鮮奶油混合物含有多少脂肪。結果，情緒因影片而激動不已的受試者，會大大低估其中的脂肪含量，但剛看完無聊影片的人就不受影響。原因在於，我們處理事務的記憶容量是有限的。所以，若在情緒激動的狀況下還想正確估計薯條的脂肪含量，就只能祈求上蒼保佑了！

結論：起碼現在有科學證明可以解釋，爲什麼失戀時會想大啖巧克力了。不過，現在知道原來就算不吃巧克力，心情也會慢慢好轉，對於維持身材來說也不啻是個好消息。

37 Wie das Gewicht des Kellners unsere Bestellung beeinflusst

服務生的體重如何影響我們點菜

以及，為何你該注意一下朋友的ＢＭＩ

有些東西引發的刺激，不僅會作用在我們身上，強度還大到所有人都看得見，但有些東西卻讓我們做夢都想不到，它居然也算是一種刺激。或許應該這樣說，我們對其根本毫無抵抗力，唯一可以信賴的，恐怕只剩下我們的非理性行為。反正本書的前幾章不是已經告訴我們了，現代人的飲食行爲早就任人擺布許久，所以如果現在加碼告訴你，服務生的體重也會影響我們的點菜決定，應該也不至於太過訝異吧。

有項科學實驗以美國地區的六十間餐廳爲受試對象，細細檢視服務生與顧客間的互動，並詳細記錄服務生與顧客大概的身體質量指數（Body-Mass-Index, BMI），以及所點的菜色與飲料。結果顯示，服務生的ＢＭＩ越高，客人點的菜就越多，而且完全不受自己體重的影響。而過重的服務生，客人點含酒精飲料與甜點的機率也越高。研究負責人用服務生樹立了「社會規範」（Social Norm）來解釋這種行爲，簡單說來就是衡量標準。若是服務生的身材圓滾滾，客人就會覺得自己吃到撐破肚皮都沒關係，但若來的是個有模特兒身材的服務生，我們就會開始注意自己進食的分量。也可以說，苗條的服務生儼然成爲我們罪惡感的化身。

而比服務生更能影響我們飲食行為的就是同桌用餐的人，若跟一群狼吞虎嚥的人同桌，我們的吃飯速度也會自動加快，若有人點蘋果汁氣泡飲，大家也多半會與啤酒保持距離，坐在對面的若是個胖子，我們就會吃得比平常還多。此外，若服務生一個個詢問客人想點的餐點，就會提高同桌人點類似菜色的機率，「人往往既想跟別人不一樣——但又不想太不一樣。」美國伊利諾大學（University of Illinois）的飲食行為學家布莉娜·艾里森（Brenna Ellison）指出。我們比較想跟群體一樣，不想太過標新立異，所以我們與眾人一起進餐時，也會比落單時吃得多，心理學把這種無意識模仿他人行為的現象，稱為「變色龍效應」（Chameleon Effect）。大導演伍迪艾倫（Woody Allen）在喜劇電影《變色龍》（*Zelig*）中，以諷刺手法把這種效應發揮得淋漓盡致，片中主角李歐納·西力（Leonard Zelig）如變色龍般，遇到黑人，膚色會瞬間變黑，若遇到胖子，肚子就會不由自主地鼓起來。

還有另外一個類似的例子：美國行為心理學家丹·艾瑞利與同事喬裝成某精釀啤酒坊的服務生，請毫不知情的顧客在 Coppeline 琥珀愛爾、Franklin Street 拉格、印度淡色愛爾及夏季小麥愛爾之間選一種來喝，送上啤酒時，還會附上一份問卷，請客人塡寫是否喜歡所選的酒，以及會不會後悔選了這款酒。補充說明一下，客人並不是全都採取口說的方式點酒，有些人是用筆寫下來。結果那些用嘴巴點酒的人，幾乎都選擇和別人不同的啤酒種類——爲的是要凸顯自己的獨特性，但是這些人事後的滿意度，也比那些默默選擇的人低，當中只有一個例外，「群體中第一個將想法說出口的人，對其選擇的滿意度跟以筆點酒的人一樣高，因爲他點的時候，尙不需要在乎別人的想法。」自然而然，他的滿意度就比群體中的其他人高。「人喔，」艾瑞利說，「尤其是那種極力追求獨特性的人，通常會爲了顧及此形象而犧牲個人利益。」換句話說，爲了讓自己處於有利的形勢，他們會做出折衷的選擇。

而在其他不太追求個人獨特價值的文化圈，就會出現恰恰相反的行爲，艾瑞利指出，「把場景搬到香港，受試者在眾目睽睽之下點餐時，會違背心意點自己沒有那麼喜歡，若可以默默寫就不會點的菜，而且基本上，大家都會選擇跟第一個說出口的人一樣的餐點。」

結論：若你想好好大吃一頓，就找家服務生個個圓滾滾的餐館，這樣點卡路里爆表的甜點會比較沒有罪惡感。除此之外，點菜時若不想受到身邊朋友的影響，想點什麼就快點吧！

38 Die Schmatz- und Schlürfphobie

巴咂巴咂與稀哩呼嚕恐懼症

如何確定自己有沒有恐音症

坐火車時，若是鄰座人士咔滋、咔滋地大啃蘋果，你會抓狂嗎？如果會，代表你對飲食發出的聲音容忍度很低，可能患有某種形式的「恐音症」（Misophonia），也就是「厭惡噪音」的人。不過，你並不孤單，美國坦帕大學（University of Tampa）研究顯示，大約每五個人中就有一人，或多或少對噪音的容忍度較低。美國腦神經科學家帕維爾與瑪格麗特．賈斯崔伯（Pawel und Margaret Jastreboff）曾就此現象進行研究，並在一九九〇年代提出了「恐音症」之名。他們說，有人會對特定聲音產生強烈的反感，特別是咀嚼食物、粉筆畫在黑板上，或是時鐘的滴答聲。這種選擇性的低噪音忍受度，通常肇因於童年時對特定聲音的負面經驗。吃飯時巴唧巴唧、稀哩呼嚕與木板被劃過的聲音，對有恐音症的人來說，簡直是場惡夢，不但會引起心悸、不安與肌肉緊繃等強烈生理反應，強弱不一的腦內小劇場還會配合演出。

那麼，如果實在是聽到快發瘋了，可以拜託人家吃東西小聲一點嗎？不可以，專家說。因為，聲音雖然是別人發出來的，把自己搞瘋的卻是你本人，具體建議就是請保持冷靜，或是換個位子。但是，誰會想在火車裡玩「大風吹」啊，何況現在到處都有人嚼個不停，根本無所遁形，有時不過就是嚼個口香糖，也讓人受不了。坐火車時，或許還可以戴上噪音隔絕效果良好的耳機，但在家吃飯時，這麼做就太傷感情了。

恐音症也分很多等級。倫敦恐音症研究中心的蓋伊・費茲莫瑞斯（Guy Fitzmaurice）為此制定了一個自我評量表，等級從零（我知道這個聲音從哪來的，但我對此沒有反應）排到十（我聽了會自殘或傷害別人），至於中間的等級四，則是「我覺得受到干擾，而且會跟身邊的人說」。

問卷調查顯示，吃飯發出聲音是最常見的分手理由，所以若不想失去另一半，也想早日從那些折磨人的聲音中解脫，最好的辦法就是改變自己。經由放鬆練習或是認知行為治療，都可以降低自己耳朵的敏感度。

美國行為研究學者與作家湯瑪士・道齊爾（Thomas H. Dozier）建議，把恐音症看作是一種條件反射，也就是自己在某種聲音的刺激下會引發身體反應，進而感到憤怒。這種刺激反應模式，是有階段性的方法可以克服的，例如先讓有此困擾的人短暫暴露在討厭的聲音之中，而且要在舒適又小聲的狀況下，然後再一步一步把持續時間與音量調高，多練習一陣子，就可以忍受那些聲音了。

希望如此——因爲再怎麼小心翼翼，吃蘋果也不可能不發出聲音啊。而且，也不該沒有聲音的，就是咬下去時那噴出汁來的咔滋聲，才讓蘋果更有滋有味且新鮮呢。

39 All you can eat

吃到飽餐廳

為什麼你最好背對自助餐台而坐

美國中西部一家連鎖中國餐廳的老闆，對上門的客人又愛又恨，因爲他們只要一開始吃，似乎就永遠停不下來，自助餐台的魔力，引誘他們不斷把食物往盤裡堆，然後再拚命往肚裡塞。顯然，他們把吃到飽當成了比賽，大家憑著本能，像石器時代的人類一樣，以爲可以把食物吃進肚子裡保存，結果這家吃到飽餐廳快被吃垮了，誰能來幫幫這位可憐的老闆？

到底，在吃到飽餐廳裡，如何才能讓客人適量取餐，吃得不多不少剛剛好呢？

說到這裡，又得請紐約康乃爾大學的布萊恩·汪辛克出馬了。汪辛克團隊接受了餐廳老闆的委託，開始像空拍機一樣在顧客頭上轉來轉去調查，「從客人踏入餐廳起，我們就開始研究他們每分每秒的行爲，看他們怎麼走、往哪兒去，決定坐哪裡、外套怎麼掛，連餐巾紙是怎麼放的都逃不過我們的眼睛。」汪辛克在受訪時說明他們的策略，眞的每個小到不能再小的細節都算數，包括顧客的體型，有多少人偏瘦、多少人較豐腴，還有多少大胖子？以及那些超愛吃到飽的瘦子，到底是怎麼維持身材的，爲什麼別人一吃就胖，他們卻不會？汪辛克對於這些消費行為背後的心理因素很感興趣。

觀察之後，他們很快就發現這之間的個體差異，原來瘦子通常拿小盤子裝食物，而且用筷子吃，但中廣身材的人卻大多愛大盤子，並且使用刀叉，目前為止，都是可想見的。此外，瘦子比較喜歡背對自助餐台進食，胖子卻愛正對著，以便把食物看個一清二楚，任何新端出的菜色都逃不出他的法眼，若有人開始去拿，就會激發他起而效之、深怕落人於後的鬥志。還有，瘦子通常會先好好觀察一下菜色，至少稍微「探究」一圈後再開始拿，胖子卻會直接進入用餐模式，而且完全不挑。汪辛克還說，胖子每一口大概嚼個十到十二次，但瘦子則平均嚼上十四次。不過，汪辛克他們到底是離人家多近啊，竟然可以調查得這麼清楚。

最後，他給了老闆如下建議：增加筷子、食器以小盤子為主，讓客人的座位離餐台越遠越好，最好完全看不到。還有件事千萬別忘了——弄個屏風，把食物擋起來吧！想想，若用餘光就能掃到距離不遠處剛端上的菜餚，加上陣陣飄來的香味，不管當時飽了沒，讓人不繼續吃也難，得來完全不費功夫的食物，客人是不會抗拒的。

而不假思索就狂吃，這種行為竟是有歷史淵源的，早在古羅馬時代，大家就愛死了這種美食盛宴，斯多噶派哲學家塞內卡（Lucius Annaeus Seneca），就把那些享樂成癮的饕客稱爲「永不饜足的食道」，他們吃得可舒服了，最好是只要張開嘴，像隻巢中雛鳥等待餵食就好。這些人慣於把懶散的身軀攤在桌旁，連自己動手的機會都越來越少，因爲廚師與侍者都幫他們處理好了，身旁的奴隸爲他們「拔去魚刺、打開蚌殼、剔掉骨頭——塞內卡極盡諷刺地推測接下來的最新風潮，應該是每道菜得先幫他們嚼過再上桌，所以廚師未來恐怕也得擔負起牙齒的責任。」以上所述出自《羅馬人的盛宴》（*Das römische Gastmahl. Eine Kulturgeschichte.*）一書。更厲害的是古羅馬暴君尼祿時期的老饕，他們流行「把蛤蜊、剝了殼的蠔、去了刺的鯛魚，以及田鷸與海膽混在一起烹煮，最後再淋上美味的醬汁」。

結論：毫無理智與不假思索地吃吃吃，原來從古至今皆然，讓我們再回到美國中西部看看那裡的狂吃狀態吧。那位連鎖中國餐廳老闆，突然對自己的吃到飽事業有了新的理解，他不再苦思菜色的問題，反而聽從汪辛克的建議做些配置上的改變，自此，每一家連鎖餐廳每年可爲他省下三萬八千美元的成本。

40 Der perfekte Chip

完美洋芋片

馬鈴薯片的科學

洋芋片的故事，要從一八五三年夏天，發生在美國小鎮薩拉托加某個不起眼的小餐館說起。有天，廚師喬治．克倫（George Crum）的妹妹不小心讓削得太薄的馬鈴薯片掉到滾燙的油鍋裡，金黃酥脆的洋芋片就此誕生，克倫一吃之下驚為天人，立刻大量製作來賣，顧客吃後無不讚不絕口。

故事還有另外一個版本，廚師克倫應百萬富豪范德比特（Cornelius Vanderbilt）之請，為他做份切得極薄的「炒馬鈴薯」，並且下重鹽調味。結果，客人覺得這道「薩拉托加洋芋片」好吃得無以復加，這項新發明就在全國風靡了起來。

無論哪個版本的眞實性比較高，跟今天的洋芋片產業比起來，實在都顯得小巫見大巫。如今，有一大拖拉庫產品設計人員投入這項零食的相關產業。口味五花八門，從蜂蜜、油醋、起司、洋蔥、BBQ，一直到迷迭香、甜菜、蘋果應有盡有，洋芋片發明者看到大家為此費這麼多功夫，而且還有那麼多種類（平的、波浪狀的、厚切的、薄脆的，甚至還有超薄的……），一定也會大呼驚奇。「你們有事嗎？」克倫說不定會這樣問，而答案就是：因爲聲音，洋芋片咬在口中發出的聲響，事關我們對此食物的感受。我們首先要關切的，就是那個理想的「破壞」狀態是否有達成，咬下去的聲音必須要能傳達品質與新鮮度，配方、成分、大小、厚薄與烘烤溫度等，都得一試再試，直到咬下去發出的聲音大小與動態感都到位爲止。

不過，到底要咬成怎麼樣，才算是達到這個口感經驗的理想程度呢？二〇〇四年，牛津大學實驗心理學家史班斯做了一個實驗，他請受試者在一間隔音室裡，對著麥克風吃品客洋芋片。而他們從耳機中所聽到的自己吃洋芋片的聲音，就是他們接下來對每種洋芋片所做的書面評斷標準。若聽到又大又脆的聲音，通常就會被他們評爲很新鮮，只不過，沒人知道的是，史班斯暗中調節了音量，有時調高有時調低。等到受試者吃下了兩百片同樣種類、同樣新鮮度的洋芋片後（他們並沒有眞的吃掉，都是嚼一嚼就吐掉，再用清水漱漱口），就會被問及對洋芋片的感覺與評價。而從計分表上可以明顯看出，在不同的音量與音高下，口感的體驗會完全不同，從酥脆到軟爛，新鮮與不新鮮都有。

此外，洋芋片包裝袋所發出的窸窣聲，也會影響新鮮與否的觀感。不過，也有廠商實在做得太誇張了，美國德州有人研發出一種可回收，且能發出像割草機那高達九十分貝窸窣聲的洋芋片包裝袋，結果，顧客的抱怨排山倒海而來，那款「陽光洋芋片」的銷售量也大跌十一％，直到該公司宣布可以拿（花了多少年心血才研製而成的）原包裝去換比較不吵的包裝袋，才止住這股跌勢。

這些有的沒有的細節，恐怕都是洋芋片發明者喬治．克倫連想都想不到的，或許他該後悔的是，當初怎麼沒有申請專利呢。

結論：這世上原來也有美妙悅耳的吃東西聲——只要是自己發出來的都好聽。

41 Wofür Schneidezähne eigentlich da sind

門牙存在的原因

「電」吃起來是什麼味道呢？應該沒有人會自願到通電柵欄下用舌頭嚐嚐吧，畢竟，只要領教過一次這種電擊，鐵定會讓人永生難忘。不過，電也不是完全不能碰，而是要視用量而定。日本東京大學環曆本研究室的特別研究員中村裕美（Hiromi Nakamura）也如是想，所以研發了一種調味電叉，「我們研發出一種可用電來刺激舌頭的器具，舌頭經此刺激後可以產生一種虛擬味覺。」

中村比較電刺激舌頭後所產生的味覺，以及耳朵所聽到的聲音後，指出兩者都是可由人工生成的振動，如此一來就踏入所謂食品科技的領域了，也就是探討科技與飲食的相互作用。「我們可以用這種形式的食物駭客在虛擬中改變眞實食物的口味，調整味道的輕重，」中村表示，「烹飪時，看起來好像是我們自己在做菜，但最後起作用的是人類的意識。」這可不是無聊美食家玩的科技遊戲，而是有助於改善一些飲食問題，例如攝取過多鹽分的情形——若用這種叉子進食，用餐時就不會再撒鹽。總之，「電」嚐起來不僅僅是如香檳般起泡泡而已，還可提高或降低料理的鹹度，端視個人需要來調整。

至於，叉子這件餐具的角色向來很特別，也早已不是新聞。刀子與湯匙，打從一開始就屬於烹飪與飲食文化的一部分，石斧演變成用來分解肉塊的刀子，貝殼或碗型植物就是舀取流質的湯匙，光是以形狀與材質來區分，就可以發現叉子算是個嶄新的發明。即使現今的我們對蛋糕叉、魚叉、薯條叉、沙拉叉、肉叉與雞尾酒叉早已習以爲常，但在叉子發明之初，可是經歷了一段紛紛擾擾。

說到吃，大家最愛的，其實還是像目前世界上有些地方仍盛行的那樣——用手拿。而叉子，充其量只用在「把盤子裡的肉拿過來」。中世紀人文主義者伊拉斯謨斯（Erasmus von Rotterdam）在一五〇〇年時如是說。那時，大家對叉子有種打從心底的厭惡，認爲用叉子是「娘娘腔又毫無意義的小題大作」，一直到義大利與法國的貴族圈，首開用「小叉子」吃甜點與水果的風氣時仍然如此，亨利三世在十六世紀時把這個習慣帶回法國，廷臣們便紛紛因他們「矯揉造作」的進食方式而備受訕笑。「聽說，桌上一半的食物，在經由叉子從盤子到嘴巴的路上，就已掉到地上。」埃利亞斯在其名著《文明的進程》中如此寫道。另外，包括不可以用叉子在盤中戳來戳去，不要插入嘴巴太深處，還有說話比手畫腳時，最好先把叉子放下等，都是基本的餐桌禮儀，但要做到這個程度，「還須整體社會慢慢努力與調整。」

大約兩百五十年前，叉子與餐刀的採用不僅改變了餐桌禮儀，人類的牙齒也爲了適應新的進食方式而產生變化。美國人類學家布雷斯（Charles Loring Brace）近乎癡迷地研究在人類歷史上，何時開始出現上下排牙齒咬合不正的問題，根據英國美食作家碧．威爾森在其著作《叉子面面觀》（*Consider the Fork: A History of How We Cook and Eat, Basic Books*）中的描述，「布雷斯推測人類在近代早期的進食方式，主要是在進行他所謂的『卡住與切斷』的動作。」那時的人通常先用手拿著食物，把食物另一端送進嘴裡，並且以牙齒咬住，「最後再奮力扯或用力咬，把口中食物大塊撕開。」因此門牙存在的眞正目的，根本不是咬斷，而是把食物卡在嘴裡。布雷斯寫道，「我深深懷疑，門牙一天當中最常出現的姿勢，應該就是直直咬住，再往後扯。」

不管門牙到底爲什麼存在，叉子在食品科技這個產業裡可說是十分吃香，目前還發明出所謂的香味叉：叉子上開個小小的圓形凹槽，凹槽內會有個像吸墨紙般的東西可置入各種味道，無論是羅勒、薄荷、松露、香蕉、肉桂或是可可，都可任君挑選，將香味滴入其中，再一起入口。這樣薯條吃起來就會冒出一絲肉桂味，牛排也可以有獨一無二的香蕉口味了。

結論：不如有天也把這個香味叉子通個電吧，好讓我們吃「香檳雞」時覺得更鹹，那麼，應該就到了重返用手吃飯的時刻。

42 Schlaf dich schlank

睡給你瘦

上床睡覺如何讓你飽

晚上入睡時，不僅這一天的千頭萬緒匯聚一堂，接下來的睡眠也會決定我們隔天會有怎麼樣的一天，是睡眼惺忪還是精神奕奕。我們一生中大約有三分之一的時間都在床上度過，包括放假時睡的懶覺，所以，我們生來雖不是為了睡覺而活，但怎麼睡、睡得好不好，卻是我們每天生活的例行公事。都說每天加上打盹，應該要睡滿五至九個小時，但像是「數綿羊」等任何形式的強迫入睡行為，其實對增加睡意都毫無助益，因為不僅無法讓人放鬆，反而會增加大腦的負擔。還有，大家都說穿上暖暖的襪子或喝杯加蜂蜜的熱牛奶超有效，但這可不能保證一覺到天明，若有人睡前才剛灌了一公升的啤酒，再怎麼喝蜂蜜熱牛奶也無濟於事。因為酒精雖可幫助入睡，卻也是一夜好眠的殺手。

法國美食家薩瓦蘭說出了重點，「無論是休息、睡覺或做夢，我們都會受飲食影響，永遠逃不出美食帝國的手掌心。」飲食的品質與數量，對於工作、休息、睡眠與做夢都具有決定性的影響，薩瓦蘭所建議的睡前飲食內容，包含乳製品、雞肉、香草植物馬齒莧，以及萊茵特品種（Renette）的蘋果，例如舵手橘蘋果（Cox Orange）。「基本上，稍微有點刺激性的食物吃了都容易做夢，尤其是紅肉類，以及鴿肉、鴨肉，與各種野味，兔肉尤其明顯。另外如蘆筍、芹菜、松露，或是香味很濃的甜食，特別是香草也是如此。」

因此，晚餐大啖豬腳就是當晚輾轉難眠的保證，即便睡著了，也沒辦法充分休息，因爲晚餐吃下的脂肪不僅讓人難以入睡，更讓人無法一夜安眠。連一項小型睡眠實驗的研究人員也驚訝於人的睡眠竟然這麼快就會受到干擾，此實驗的的受試者年齡介於三十至四十五歲間，一般體重、身體健康，每晚平均有七至九個小時的睡眠。他們在睡眠實驗室內接受五天的測試，第一天先讓他們吃富含膳食纖維的食物，並刻意減少飽和脂肪酸的含量。當晚，所有受試者不分男女，平均花了十七分鐘入睡。而到了最後一天，他們終於可以隨自己的喜好愛吃什麼就吃什麼——顯然大家都對健康食品都沒什麼興趣。膳食纖維的攝取於是下降，脂肪與醣類則大增，「就那麼一天吃進大量脂肪與少量膳食纖維，整個睡眠模式就被改變了。」實驗負責人表示，大家的平均入睡時間突然增加到二十九分鐘。而如果大吃大喝後，只會有入睡時間變長這個缺點，我們大可不必太在意，但事實遠非如此——有助大腦恢復精力的重要慢波睡眠階段，也會受到影響。

其實，不只我們吃了什麼會影響睡眠，怎麼睡，也會影響我們的飲食狀況。可以這麼說：睡得越少，肚子越大。因爲在睡眠不足的情況下，人會變得很容易餓，自我克制力也會降低。對此，德國睡眠研究人員尤根·楚萊（Jürgen Zulley）解釋，瘦素（Leptin）「會在睡眠中釋出，讓身體知道自己已經飽了。唯有如此，人才有辦法持續十個小時不進食，這在白天是不可能的。」若熬夜不睡、睡眠不足或睡眠品質欠佳，瘦素的對手飢餓素就會上場，它一出現就是我們肚子開始咕嚕咕嚕叫的時候。

紐約肥胖營養研究中心（New York Obesity Nutrition Research Center）的研究人員將睡眠充足與不足的受試者分別送入電腦斷層掃描儀中檢測，當他們躺在管狀的儀器中時，會看到一張張的食物照片。結果，睡眠不足的受試者（過去幾天每晚只睡四小時）的大腦獎勵系統的反應，會比睡眠充足的人（睡九小時）還激烈。

而那些因基因遺傳而患有夜食症候群（Night Eating Syndrome）的人，便會如同症狀名所透露的，即使在三更半夜也無法克制自己的食欲，於是經常在別人呼呼大睡時，還因爲強烈的飢餓感去翻冰箱。而睡得少的人，瘦蛋白荷爾蒙分泌得也較少，美國賓州大學（University of Pennsylvania）的研究，就確立了飢餓與睡眠長短的關係，學者研究了睡眠狀況正常、睡得特別久與特別少的受試者的飲食行爲後發現，睡得少的人卡路里攝取量最高，而且也比另外兩類人吸收較少維生素 C。

結論：放心去把鬧鐘調晚半小時沒關係啦——睡飽飽才會做出聰明的決定。

參考文獻

01 辣椒性格 Der Chili-Charakter

Caterina, M . J . u . a . (1997), »The capsaicin receptor: a heat-activa- ted ion channel in the pain pathway«, *Nature*, 23 .10 .1997, Bd . 389, S . 816–824 .

Byrnes, N . K . und J . E . Hayes (2013), »Personality factors predict spicy food liking and intake«, *Food Quality and Preference Journal*, 1 .4 .2013, Bd . 28 (1), S . 213–221 .

Byrnes, N . K . und J . E . Hayes (2015), »Gender differences in the influence of personality traits on spicy food liking and intake«, *Food Quality and Preference Journal*, 1 .6 .2015, Bd . 42, S . 12–19 .

Albrecht, H . (2015), *Scmmerz – Eine Befreiungsgeschichte*, Pattloch, München .

»People with a ›sweet tooth‹ have sweeter dispositions«, *Science Daily*, 23 .11 .2011, North Dakota State University .

Meier, B . P . u . a . (2012), »Sweet taste preferences and experiences predict prosocial inferences, personalities, and behaviors«, *Journal of Personality and Social Psychology,* Jan . 2012, Bd . 102 (1), S . 163–174 .

Lemke, H . (2011), »Der Mensch ist, was er isst . Ludwig Feuerbach als Vordenker der Gastrosophie«, *Epikur Journal für Gastrosophie*, 01/2011 .

Rozin, P . und D . Schiller (1980), »The nature and acquisition of a preference for chili pepper by humans«, *Motivation and Emotion*, März 1980, Bd . 4, Nr . 1, S . 77–101 .

02 食物半徑 Der Food-Radius

Wansink, B . (2014), *Slim By Design*, Harper Collins Publishers, New York, S . 8–10 .

Bernd Maier, Florian Niedermeier, Nikolaus Driessen gründeten im Jahre 2010 die Markthalle Neun, Berlin-Kreuzberg .

Winterhalder, B . und E . A . Smith (Hg .) (1981), *HunterGatherer Foraging Strategies: Ethnographic and Archeological Analyses*, University of Chicago Press, Chicago .

03出生前的印記 Pränatale Prägung

Spieler, M. (2014), »When a Food Writer Can't Taste«, *New York Times*, 11.1.2014.

Proust, M. (2004), *Unterwegs zu Swann. Auf der Suche nach der verlorenen Zeit*, Band 1, 7. Auflage, Suhrkamp Verlag, Frankfurt am Main.

Rosenblum, L. (2011), *See What I'm Saying: The Extraordinary Powers of Our Five Senses*, W. W. Norton& Company, New York, London.

Mennella, J. A. u. a. (2001), »Prenatal and Postnatal Flavor Learning by Human Infants«, *Pediatrics*, Jun. 2001, Bd. 107 (6).

Nooteboom, C. (1985), *Rituale*, Suhrkamp Verlag, Frankfurt am Main.

Hartmann, A. (1994), *Zungenglück und Gaumenqualen: Geschmackserinnerungen*, C. H. Beck, München.

04輕輕的一推 Nudging

Wansink, B. (2014), *Slim By Design*, Harper Collins Publishers, New York.

Thaler, R. H. und C. R. Sunstein (2009), *Nudge: Wie man kluge Entscheidungen anstößt*, Econ Verlag, Berlin.

Kroese, F. M. u. a. (2015), »Nudging healthy food choices: a field experiment at the train station«, *Journal of Public Health Advance Access*, 17.6.2015, S. 1–5.

Mühl, M. (2015), »Wie Google das Gewicht seiner Mitarbeiter kontrolliert«, *Frankfurter Allgemeine Zeitung, Blog Food Affair*, 3.6.2015.

05口味攸關基因 Geschmack: auch eine Sache der Gene

Bartoshuk, L. (1993), »The biological basis of food perception and acceptance«, *Neuroscience*, Bd. 4, Nr. 1–2, S. 21–32.

Breslin, P. (2013), »An Evolutionary Perspective on Food and Human Taste«, *Current Biology*, Bd. 23, Nr. 9, 6.5.2013, S. 409– 418.

Behrens, M., W. Meyerhof u. a. (2013), »Genetic, Functional, and Phenotypic Diversity in TAS2R38-Mediated Bitter Taste Perception«, *Chemical Senses*, Bd. 38, Nr. 6, S. 475–484.

Hayes, J. u. a. (2015), »Quinine Bitterness and Grapefruit Liking Associate with Allelic Variants in *TAS2R3*«, *Chemical Senses*, Bd. 40, Nr. 6, S. 437–443.

Breslin, P ., M . C . Campbell, S . A . Tishkoff u . a . (2011), »Evolution of Functionally Diverse Alleles Associated with PTC Bitter Taste Sensitivity in Africa«, *Molecular Biology and Evolution*, PMID: 24177185 .

Campbell, M . und A . S . Tishkoff (2010), »The Evolution of Human Genetic and Phenotypic Variation in Africa«, *Current Biology*, Bd . 20, Nr . 4, S . 166–173 .

Davis, H . A . (2009), »Genetics study: Africans have keener sensitivity to bitter tastes«, *Penn Current*, 02/09 .

Fox, A . L . und C . R . Noller (1932), »The Relationship between Chemical Constitution and Taste«, *Proceedings of The National Academy of Sciences USA*, Jan . 1932, Bd . 18 (1), S . 115–120 .

06鳳梨謬誤 Der Ananas-Irrtum

Von Engelhardt, D . und R . Wild (Hg .) (2005), *Geschmackskulturen: Vom Dialog der Sinne beim Essen und Trinken,* Campus Verlag, Frankfurt .

Reitmeier, S . (2013), *Warum wir mögen, was wir essen: Eine Studie zur Sozialisation der Ernährung,* transcript Verlag, Bielefeld .

Shepherd, R . und M . Raats (Hg .) (2010), *The Psychology of Food Choice,* Cabi Publishing, Wallingford .

Felser, G . (2015), *Werbe und Konsumentenpsychologie,* Springer Verlag, Berlin, Heidelberg .

07三十天變苗條？Schlank in 30 Tagen?

Rein, M ., G . Zilberman-Schapira, L . Dohnalová, M . Pevsner-Fischer, R . Bikovsky, Z . Halpern, E . Elinav, E . Segal u . a . (2015), »Personalized Nutrition by Prediction of Glycemic Responses«, *Cell*, 19 .11 .2015, Bd . 163, S . 1079–1094 .

Duhigg, C . (2012), *The Power of Habit: Why we do What we do and how to change*, William Heinemann, London .

Mann, T . (2015), *Secrets from The eating lab: The Science of Weight Loss, The Myth of Willpower, and Why You Should Never Diet Again*, Harper Wave, New York .

Fedoroff, I ., J . Polivy und C . Herman (2003), »The Specificity of Restrained versus Unrestrained Eaters' Responses to Food Cues: General Desire to Eat, or Craving for the Cued Food?«, *Appetite*, 4 .8 .2003, Bd . 41 (1), S . 7–13 .

08別怕碳水化合物 Keine Angst vor Kohlenhydraten

Pollan, M . (2009), *LebensMittel: Eine Verteidigung gegen die industrielle Nahrung und den Diätenwahn,* Arkana, München .

09生食謬誤 Der Rohkost-Irrtum

Wrangham, R . (2009), *Feuer fangen: Wie uns das Kochen zum Menschen machte– eine neue Theorie der menschlichen Evolution,* Deutsche Verlags-Anstalt, München .

Lévi-Strauss, C . (1976), *Mythologica I – Das Rohe und das Gekochte,* Suhrkamp Verlag, Frankfurt am Main .

Rosati, A . G . und F . Warneken (2015), »Cognitive capacities for cooking in chimpanzees«, *Proceedings of The Royal Society B,* London, Bd . 282, Nr . 1809 .

Pellegrini, N . u . a . (2010), »Effect of different cooking methods on color, phytochemical concentration, and antioxidant capacity of raw and frozen brassica vegetables«, *Journal of Agricultural and Food Chemistry,* 14 .4 .2010, Bd . 58 (7) .

Washburn, S . L . (Hg .) (2013), *Social Life of Early Man,* Routledge, New York .

Washburn, S . L . (Hg .) (2013), *Classification and Human Evolution,* Routledge, New York .

Washburn, S . L . (1958), »Evolution of human behavior«, in: A . Roe, G . G . Simpson (Hg .): *Behavior and Evolution.* Yale University Press, New Haven .

Kessler, D . (2012), *Das Ende des großen Fressens: Wie die Nahrungsmittelindustrie Sie zu übermäßigem Essen verleitet und was Sie dagegen tun können,* Goldmann Verlag, München .

Moss, M . (2014), *Das SalzZuckerFettKomplott: Wie die Lebensmittelkonzerne uns süchtig machen,* Ludwig Verlag, München .

Shepherd, G . M . (2013), *Neurogastronomy: How The Brain Creates Flavor and Why It Matters,* Columbia University Press, New York .

10不健康的食物=直覺上的美味 Die Unhealthy=Tasty-Intuition

Raghunathan, R ., R . Naylor und W . Hoyer (2006), »The Unhealthy = Tasty Intuition and its Effects on Taste Inferences, Enjoyment, and Choice of Food Products«, *NA – Advances in Consumer Research*, Bd . 34, S . 349–400 .

Witherly, S . A . (2007), *Why Humans Like Junk Food: The Inside Story on Why You Like Your Favorite Foods, The Cuisine Secrets of Top Chefs, and How to Improve Your Own Cooking Without a Recipe!,* iUniverse, Lincoln, NE .

Mai, R . und S . Hoffman (2015), »How to Combat the Unhealthy = Tasty Intuition: The Influencing Role of Health Consciousness«, *Journal of Public Policy & Marketing*, Bd . 34, Nr . 1, S . 63– 83 .

Sütterlin, B . und M . Siegrist (2015), »Simply adding the word ›fruit‹ makes sugar healthier: The misleading effect of symbolic information on the perceived healthiness of food«, *Appetite*, Bd . 95, 1 .12 .2015, S . 252–261 .

Werle, C ., O . Trendel und G . Ardito (2013), »Unhealthy food is not tastier for everybody: The ›healthy = tasty‹ French intuition«, *Food Quality and Preference*, Bd . 28 (1), S . 116–121 .

11幸福肥 Macht Ihr Partner Sie dick?

Kaufman, J . C . (2014), *Kochende Leidenschaft*, UVK Verlagsgesellschaft, Konstanz, München .

Ob Ihr Partner Sie dick macht, hängt Forschern der Newcastle University zufolge vor allem von Ihrem Geschlecht ab:http://www .weightlossresources .co .uk/healthy_eating/living_together.htm.

Leimgruber, W . (2005), »Zwischen Fasten und Völlerei . Essen und Trinken als Thema der Kulturwissenschaft«, Vortrag Science Lunch, Basel .

Brillat-Savarin, J . A . (1976), *Physiologie des Geschmacks*, Wilhelm Heyne Verlag, München .

12超市老闆不會告訴你的事 Der Supermarkt

Lindstrom, M . (2012), *Brandwashed: Was du kaufst, bestimmen die anderen,* Campus Verlag, Frankfurt am Main .

Packard, V . (1959), *Die geheimen Verführer: Der Griff nach dem Unbewussten in jedermann,* Econ Verlag, Düsseldorf .

Dobelli, R . (2011), *Die Kunst des klaren Denkens: 52 Denkfehler, die Sie besser anderen überlassen,* Hanser Verlag, München

13促發效應 Der Priming-Effekt

Wansink, B . (2014), *Slim by Design, Mindless Eating Solutions*, William Morrow & Company, New York .

Die aus Polen stammenden Gründer des Unternehmens Haägen Dazs: https://en.wikipedia.org/wiki/Reuben_and_Rose_Mattus.

Packard, V . (1957), *The Hidden Persuaders*, David McKay, New York .

Key, W . B . (1973), *Subliminal seduction*, Signet, Englewood Cliffs, NJ .

Karremans, J . C ., W . Stroebe und J . Claus (2006), »Beyond Vicary's fantasies: The impact of subliminal priming and brand choice«, *Journal of Experimental Social Psychology*, Bd . 42, S . 792–798 .

Aarts, H ., A . Dijksterhuis und P . De Vries (2001), »On the psychology of drinking: Being thirsty and perceptually ready«, *British Journal of Psychology*, Bd . 92, S . 631–642 .

Bargh, J . A ., M . Chen und L . Burrows (1996), »Automaticity of social behavior: Direct effects of trait construct ad

stereotype activation on action«, *Journal of Personality and Social Psychology*, Bd . 71, S . 230–244 .
Kahneman, D . (2014), *Schnelles Denken, Langsames Denken*, Pantheon Verlag, München .
Mosack, K . (2012), *Motivating Healthy Diet Behaviours: Selfas Doer Identity*, online unter http://www.academia.edu .

14 行銷安慰劑效應 Der Marketing-Placebo-Effekt

Riedl, J . (2013), »Der große Grand-Cru-Schwindel«, *Falstaff*, 07/13 .

Parker, R . M . (2008), *Parker's Wine Buyer's Guide: The Complete, EasytoUse Reference on Recent Vintages, Prices, and Ratings for More than 8,000 Wines from All The Major Wine Regions*, 7 . Aufl ., Simon & Schuster, New York .

Hay, C . (2008), »When points mean prices«, *Decanter* (Time Inc UK), 08/08 .

Weber, B . (2015), »Individual Differences in Marketing Placebo Effects: Evidence from Brain Imaging and Behavioral Experiments«, *Journal of Marketing Research*, DOI: 10 .1509/jmr .13 . 0613 .

Solomon, G . E . A . (1990), »Psychology of novice and expert wine talk«, *The American Journal of Psychology*, Bd . 103, pp . 495–517 .

Kirby, T . (2015), »Robert Parker interview: The world's top wine critic on tasting 10,000 bottles a year, absurd drinking notes and New World wannabes«, *The Independent, Lifestyle Food and Drink*, 29 .3 .2015 .

15 頂級廚房症候群 Das Trophy-Kitchen-Syndrom

Albala, K . (2015), *The SAGE Encyclopedia of Food Issues*, SAGE Publications, New York .

Meyer, N . (2003), *Was das Herz begehrt*, Film mit Jack Nicholson und Diane Keaton .

Die *New York Times* widmete sich 2007 dem Phänomen und machte gar eine neue Kulturkrankheit aus, die »Post-Renovierungs-Depression« . http://www.nytimes.com/2007/02/22/garden/22depression.html?_r=1.

Wansink, B . (2014), *Slim By Design*, Harper Collins Publishers, New York .

Collins, N . (2007), »Set Design: Something's Gotta Give«, *Architectural Digest Magazine*, 30 .6 .2007 .

16 顏色正確的威力 Die Macht der richtigen Farbe

Spence, C . und B . Piqueras-Fiszman (2014), *The perfect meal: The multisensory science of Food and Dining*, John Wiley & Sons, New York .

Genschow, O ., L . Reutner und M . Wanke (2012), »The color red reduces snack food and soft drink intake«, *Appetite,* Bd . 58, S . 699– 702 .

Piqueras-Fiszman, B ., A . Giboreau und C . Spence (2013), »Assessing the influence of the colour/finish of the plate on the perception of the food in a test in an restaurant setting«, *Flavour,* Bd . 2, Nr . 24 .

Piqueras-Fiszman, B ., J . Alcaide, E . Roura und C . Spence (2012), »Is it the plate or is it the food? assessing the influence of the color (black or white) and shape of the plate on the perception of the food placed on it«, *Food Quality& Preference,* Bd . 24, S . 205– 208 .

Harrar, V . und C . Spence, »The taste of cutlery: how the taste of food is affected by the weight, size, shape, and colour of the cutlery used to eat it«, *Flavour,* 23 .6 .2013 .

Van Ittersum, K . und B . Wansink (2012), »Plate size and color suggestibility: the delboeuf Illusion's bias on serving and eating behavior«, *Journal of Consumer Research,* Bd . 39, S . 215–228 .

17為什麼你不知道自己何時飽了 Warum Sie nicht wissen, wann Sie satt sind

Geliebter, A ., S . Westreich und D . Gage (1988), »Gastric distention by balloon and test-meal intake in obese and lean subjects«, *The American Journal of Clinical Nutrition*, Sep . 1988, Bd . 48 (3), S . 592–594 .

Geliebter, A . (1988), »Gastric distension and gastric capacity in relation to food intake in humans«, *Physiology & Behavior*, Bd . 44, Nr . 4–5, S . 665–668 .

Nguo, K ., K . Z . Walker, M . P . Bonham und C . E . Huggins (2015), »Systematic review and meta-analysis of the effect of meal intake on postprandial appetite-related gastrointestinal hormones in obese children«, *International Journal of Obesty*, 21 .12 .2015 .

Woods, S . C . (2004), »Gastrointestinal Satiety Signals – I . An over- view of gastrointestinal signals that influence food intake«, *The American Journal of PhysiologyGastrointestinal and Liver Physiology,* Bd . 286 (1), S . G7–G13 .

Dailey, M . J . u . a . (2016), »The antagonism of ghrelin alters the appetitive response to learned cues associated with food«, *Behavioural Brain Research*, 15 .4 .2016, Bd . 303, S . 191–200 .

Colagiuri, B . und P . F . Lovibond (2015), »How food cues can enhance and inhibit motivation to obtain and consume food«, *Appetite*, Bd . 84, S . 79–87 .

Stevenson, R . J . und J . Prescott (2014), »Human diet and cogni- tion«, *Wiley Interdisciplinary Reviews. Cognitive Science*, Bd . 5 (4), S . 463–475 .

Rozin, P ., S . Dow, M . Moscovitch und S . Rajaram (1998), »What causes humans to begin and end a meal? A role for memory for what has been eaten, as evidenced by a study of multiple meal eating in amnesic patients«, *Psychological Science*, Bd . 9 (5), S . 392–396 .

Wansink, B . und M . M . Cheney (2005), »Super Bowls: Serving Bowl Size and Food Consumption«, *The Journal of The American Medical Association*, Bd . 293 (14), S . 1727–1728 .

Brunstrom, J . M . und P . J . Rogers (2009), »How many calories are on our plate? Expected fullness, not liking, determines meal-size selection«, *Obesity*, Bd . 17, S . 1884–1890 .

Brunstrom, J . M ., J . Collingwood und P . J . Rogers (2010), »Perceived volume, expected satiation, and the energy content of self-selected meals«, *Appetite*, Bd . 55 (1), S . 25–29 .

Brunstrom, J . M . u . a . (2010), »Playing a computer game during lunch affects fullness, memory for lunch, and later snack intake«, *American Journal of Clinical Nutrition*, Bd . 93 (2), S . 308– 313 .

Enders, G . (2014), *Darm mit Charme: Alles über ein unterschätztes Organ*, Ullstein, Berlin .

18 細微差異 Die feinen Unterschiede

Online-Umfrage des »Escapist«: http://www.escapistmagazine.com/forums/read/18.273130-Poll-If-you-had-to-lose-one-sense-what-would-it-be?page=2.

Shepherd, G . M . (2004), »The Human Sense of Smell: Are We Better Than We Think?«, *Plos.org*, San Francisco .

Shepherd, G . M . (2013), *Neurogastronomy: How The Brain Creates Flavor and Why It Matters*, Columbia University Press, New York .

Hatt, H . und R . Dee (2012), *Das kleine Buch vom Riechen und Schmecken*, Albrecht Knaus Verlag, München .

Aiello, L . und C . Dean (1990), *An introduction to human evolutionary anatomy*, Academic Press, New York .

Neville, K . R . und L . B . Haberly (2004), »Olfactory cortex«, in: Shepherd, G . M . (Hg .), *The synaptic organization of The brain*, 5 . Aufl ., Oxford University Press, Oxford, S . 415–454 .

Bushdid, C ., O . Magnasco, L . B . Vosshall und A . Keller (2014), »Humans can discriminate more than 1 trillion olfactory stimuli«, *Science Magazine*, Bd . 343 .

Brillant-Savarin, J . A . (2013), *Physiologie des Geschmacks oder Betrachtungen über Höhere Gastronomie: Den Pariser Feinschmeckern Gewidmetvon Einem Professor Mitglied Vieler Gelehrter Gesellschaften, Springer-Verlag, Wiesbaden* .

Dunkin Donuts Flavour Radio: https://www.youtube.com/watch?v=aHg0xFZQzYI#t=39.

Wysocki, C. J. u. a. (1989), »Ability to perceive androstenone can be acquired by ostensibly anosmic people«, Proceedings of The National Academy of Sciences of The United States of America, Okt. 1989, Bd. 86 (20), S. 7976–7978.

Schöpf, V. u. a. (2015), »Olfactory training induces changes in regional functional connectivity in patients with long-term smell loss«, Neuroscience, Bd. 9, S. 401–410.

Bensafi, M., E. Iannilli, J. Gerber und T. Hummel (2008), »Neural coding of stimulus concentration in the human olfactory and intranasal trigeminal systems«, Neuroscience, Bd. 154 (2), S. 832– 838.

Croy, I., S. Nordin und T. Hummel (2014), »Olfactory disorders and quality of life – an updated review«, Chemical Senses, Bd. 39 (3), S. 185–194.

Hummel, T. u. a. (2009), »Effects of olfactory training in patients with olfactory loss«, Laryngoscope, Bd. 119, Nr. 3, S. 496–499.

Kobal, G. u. a. (1996), »›Sniffin' sticks‹: screening of olfactory performance«, Rhinology, Bd. 34, S. 222–226.

Lemke, H. (2007), Die Kunst des Essens: Eine ÄsThetik des kulinarischen Geschmacks, transcript Verlag, Bielefeld.

19 羅密歐與茱麗葉效應 Der Romeo-und-Julia-Effekt

Brehm, J. (1966), *Theory of psychological reactance*, Academic Press, New York.

Burger, J. (2011), »Eltern, hört endlich auf, von gesundem Essen zu reden! Wie man Kämpfe am Esstisch vermeidet: Ein Gespräch mit dem Ernährungspsychologen Thomas Ellrott«, *ZEITmagazin* Nr. 17.

Grynbaum, M. (2014), »New York's Ban on Big Sodas Is Rejected by Final Court«, *The New York Times*, 26.6.2014.

Just, D. und B. Wansink (2012), »Soda Ban Will Fail and Jeopardize Future Public Health Efforts«, *Debate Club, U.S. News*, 1.6.2012.

Jacob, S., R. Raghunathan und W. Hoyer (2015), »Eating Healthy or Feeling Empty? How the ›Healthy = Less Filling‹ Intuition Influences Satiety«, *The Journal of The Association for Consumer Research*, 12/2015.

Eynar, N., »Why Behavior Change Apps Fail to Change Behavior«, http://www.nirandfar.com/2013/07/why-behavior-change-apps-fail-to-change-behavior.html.

Shell, J. (2014), *The Art of Game Design: A Book of Lenses*, Morgan Kaufmann, Burlington.

Carpenter, C. J. (2013), »A Meta-Analysis of the Effectiveness of the ›But You Are Free‹ Compliance-Gaining Technique«, *Communication Studies*, Bd. 64, Nr. 1.

20 商務午餐 Business-Lunch

Weber, D . (2006), »Lunch ist nur noch Pflicht, Interview mit Philippe Stern«, *Neue Zürcher Zeitung Folio*, 6/2006 .

Pinsel, E . M . (1983), *Power Lunching: How You Can Profit from More Effective business Lunch Strategy*, Turnbull & Willoughby Publisher .

Röttgers, K . (2009), *Kritik der kulinarischen Vernunft: Ein Menü der Sinne nach Kant*, transcript Verlag, Bielefeld .

Nicodemus, K . (2016), Interview mit dem mexikanische Regisseur Alejandro González Iñárritu, *Die Zeit*, Nr . 2, 7 .1 .2016 .

21 大男人與美乃滋類型 Von Machos und Mayo-Typen

Rubin, L . (2008), *Food for Thought: Essays on Eating and Culture,* McFarland, Jefferson .

Leimgruber, W . (2006), »Adieu Zmittag«, *Neue Zürcher Zeitung Folio,* Juni 2006 .

Pollmer, U . (1996), *Prost Mahlzeit! Krank durch gesunde Ernährung,* Kiepenheuer& Witsch, Köln .

22 向口感致敬 Ein Hoch auf die Haptik

Gebhardt, U . (2014), »›Der Tastsinn ist ein Lebensprinzip‹, Interview vom 25 .7 .2014 mit Martin Grundwald, Leiter des Haptik- Forschungslabors der Universität Leipzig«, *Spektrum,* Spektrum der Wissenschaft Verlagsgesellschaft mbh, Heidelberg .

Phil (2013), »How to Make Heston Blumenthal Fat Duck style Hot and Iced Waitrose Mulled Cider or Mulled Wine recipe«, *In Search of Heston*, http://www.insearchofheston.com/2013/12/how-to-make-heston-blumenthal-fat-duck-style-hot-and-iced-waitrose-mulled-cider-or-mulled-wine-recipe/#sthash.bXyASK.

Emmerich, A . (2007), »Der Kochkünstler – Ein Gespräch mit Adriá Ferran«, *Die Zeit*, Nr . I .

Zuber, H . (2000), »Im Mund explodiert«, *Der Spiegel*, Nr . 52 .

Stroh, S . (2001), »Haptische Wahrnehmung und Textureigenschaften von Lebensmitteln«, in Grundwald, M . und L . Beyer (Hg .), *Der bewegte Sinn*, (2013), Birkhäuser Verlag, Basel, S . 195–197 .

Marinetti, F . T . (2014), *The Futurist Cookbook*, Penguin Classics, London .

23 味道有顏色嗎？- Die Farbe des Geschmacks

Cannon, D . (2012), *Dear Cary: My Life with Cary Grant*, Harper Collins Publishers, New York .

Moir, H . C . (1936), »Some observations on the appreciation of flavour in foodstuffs«, *The Journal of The Society of Chemical Indus try*, Chem Ind Rev ., Bd . 14, S . 145–148 .

Spence, C . (2015), »On the psychological impact of food colour«, *Flavour*, 22 .4 .2015 .

Rozin P . (1982), »Taste-smell confusions and the duality of the olfactory sense«, *Perception & PsychoPhysics*, Bd . 31, S . 397–401 .

Harris, G . (2011), »Colorless food? We blanch«, *The New York Times*, 3 .4 .2011, Bd . 3 .

Duncker, K . (1939), »The influence of past experience upon perceptual properties«, *American Journal of Psychology*, Bd . 52, S . 255– 265 .

Zellner, D . A und P . Durlach (2003), »Effect of color on expected and experienced refreshment, intensity, and liking of beverages«, *American Journal of Psychology*, Bd . 116, S . 633–647 .

Shepherd, G . M . (2012), *Neurogastronomy: how The brain creates flavor and Why it matters*, Columbia University Press, New York .

Petersen, C . (1895), *Referat zur Generalversammlung des Deutschen Milchwirtschaftlichen Vereins*, Berlin .

24擺盤的藝術 Ein Teller Kunst

Michel, C ., C . Velasco, E . Gatti und Ch . Spence (2014), »A taste of Kandinsky: assessing the influence of the artistic visual presentation of food on the dining experience«, *Flavour*, 20 .6 .2014 .

Redzepi, R . (2011), *NOMA – Zeit und Ort in der nordischen Küche*, Edel Verlag, Hamburg .

Freeman, C . (2013), *Modern Art Desserts: Recipes for Cakes, Cookies, Confections, and Frozen Treats Based on Iconic Works of Art*, Ten Speed Press, Berkeley, CA .

Das »Trincir-Buch« des Nürnberger Patriziers Georg Philipp Harsdörffer (1607–1658) aus dem Besitz des Salzburger Erzbischofs Max Gandolph von Kuenburg (1668–1687) behandelt ausführlich kunstvolles Tranchieren sowie Schaugerichte, z . B . die acht Möglichkeiten, einen Apfel kunstvoll zu schälen, und Servietten in Form eines Tieres zu falten .

25用吃對付壓力 Essen gegen Stress

Christensen, C ., *Milkshake*, https://www.youtube.com/watch?v= f84LymEs67Y.

Sandow, E . (2011), »On the road: Social aspects of commuting long distances to work«, doctoral thesis, Umeå University, Faculty of Social Sciences, Department of Social and Economic Geography .

26 滋滋聲效應 Der Sizzle-Effekt

Wheeler, E . (1937), *Tested sentences that sell: How to Use »Word Magic« to Sell More and Work Less!,* Prentice Hall Inc ., New York .

Twilley, N . (2015), »Accounting For Taste«, *The New Yorker,* 2 .11 .2015 .

Worstell, R . C . und E . Wheeler (2014), *Tested Sentences That Sell – Masters of Marketing Secrets: Why The Sizzle Sells The Steak,* Lulu Self Publishing .

Spence, C . und M . Shankar (2010), »The Influence of auditory cues on the perception of, and responses to, Food and Drink«, *Journal of Sensory Studies,* Bd . 25, Nr . 3, S . 406–430 .

Spence, C . und B . Piqueras-Fiszma (2014), *The Perfect Meal: The Multisensory Science of Food and Dining,* Wiley, Oxford .

Eplett, L . (2013), »Pitch/Fork: The Relationship Between Sound And Taste«, *Scientific American,* 4 .9 .2013 .

Christinel, A . S . und C . Spence (2009), »Implicit association between basic tastes and pitch«, *Neuroscience Letters,* 16 .10 .2009, Bd . 464 (1), S . 38–42 .

Simner, J ., C . Cuskley und S . Kirby (2010), »What sound does that taste? Cross-modal mappings across gustation and audition«, *Perception,* Bd . 39 (4), S . 553–569 .

Wang, Q . J ., S . Wang und C . Spence (2016), »Turn Up the Taste: Assessing the Role of Taste Intensity and Emotion in Mediating Crossmodal Correspondences between Basic Tastes and Pitch«, *Chemical Senses,* 12 .2 .2016 .

Woods, A . T . u . a . (2011), »Effect of background noise on food perception«, *ScienceDirect, Food Quality and Preference,* Bd . 22, Nr . 1, Jan . 2011, S . 42–47 .

Carvalho, F . R . u . a . (2015), »Using sound-taste correspondences to enhance the subjective value of tasting experiences«, *Frontiers in Psychology,* Bd . 6, S . 1309 .

Blumenthal, H ., »Bacon and Egg Ice Cream«: https://www.youtube.com/watch?v=D6CLoRuvGcY.

27 雙倍麩質謊言 Die doppelte Gluten-Lüge

Kimmel, J . (2014), »Pedestrian Question – What is Gluten?«, https://www.youtube.com/watch?v=AdJFE1sp4Fw.

Davis, W . (2013), *Weizenwampe: Warum Weizen dick und krank macht*, Goldmann, München .

Zum Antoniusfeuer, auch Ergotismus: Wikipedia https://de.wikimedia.org/wiki/Ergotismus.

Schoenfeld, J . und J . Ioannidis (2012), »Is everything we eat associated with cancer? A systematic cookbook review«, *American*

Journal of Clinical Nutrition, 28 .11 .2012 .

Ventura, A ., G . Magazzu und L . Greco (1999), »Duration of exposure to gluten and risk for autoimmune disorders in patients with celiac disease . SIGEP study group for autoimmune disorders in celiac disease«, *Gastroenterology,* Bd . 117, S . 297–303 .

Laass, M . W . u . a . (2015), »Zöliakieprävalenz bei Kindern und Jugendlichen in Deutschland«, *Deutsches Ärzteblatt*, Bd . 12 (33– 34), S . 553–560 .

Pollmer, U . (2011), »Bestrahlte Lebensmittel: Wie unser Essen mit Atomtechnik in Berührung kommt«, *Deutschlandradio Kultur*, 20 .3 .2011 .

28帥哥美女專家 Der gutaussehende Experte

Cederström, C . und A . Spicer (2015), *The Wellness Syndrome*, Polity Press, Cambridge .

Kitz, V . und M . Tusch (2011), *Psycho? Logisch! Nützliche Erkenntnisse aus der Alltagspsychologie*, Wilhelm Heyne Verlag, München . http://goop.com/.

29健康月暈效應 Der Health-Halo-Effekt

Demircan, O . (2016), »Verordneter Strukturwandel«, *Handelsblatt*, Nr . 25, S . 32 .

Weber, B . u . a . (2010), »Organic labeling influences food valuation and choice«, *Neuroimage*, 15 .10 .2010, Bd . 53 (1), S . 215–220 .

Northup, T . (2014), »Truth, Lies, and Packaging: How Food Marketing Creates a False Sense of Health«, *Food Studies, An Interdisciplinary Journal*, Bd . 3, Nr . 1, S . 9–18 .

Baumgartner, H . und J . Koenigstorfer (2016), »The Effect of Fitness Branding on Restrained Eaters' Food Consumption and Postconsumption Physical Activity«, *Journal of Marketing Research*, Feb . 2016, Bd . 53, Nr . 1, S . 124–138 .

Pollan, M . (2009), *LebensMittel: Eine Verteidigung gegen die indus trielle Nahrung und den Diätenwahn*, Arkana, München .

Pollan, M . (2011), *64 Grundregeln ESSEN: Essen Sie nichts, was Ihre Großmutter nicht als Essen erkannt hätte*, Arkana, München .

30餵食鐘 Die Feeding Clock

Ehret, C . F . und L . W . Scanlon (1987), *Overcoming Jet Lag*, Berkley Trade, New York .

Sato, M ., M . Murakami, K . Node, R . Matsumura, M . Akashi (2014), »The Role of the Endocrine System in Feeding-Induced Tissue- Specific Circadian Entrainment«, *Cell,* Bd . 8, Nr . 2, S . 393–401 .

Murakami, M . u . a . (2014), »What You Eat May Affect Your Body's Internal Biological Clock«, *Cell Press,* July 10 . http://www.ibp.fraunhofer.de/de/Presse_und_Medien/Presseinformationen/Raetsel_um_Tomatensaftgeloest.html.

31小貓當早餐？Mieze zum Frühstück?

White, G . (1789), *The Natural History and Antiquities of Selborne,* Bensley for B . White and Son, London .

Foer, J . S . (2012), *Tiere essen,* Fischer Taschenbuch Verlag, Frankfurt am Main .

Joy, M . (2013), *Warum wir Hunde lieben, Schweine essen und Kühe anziehen: Karnismus – eine Einführung,* compassion media, Münster .

Loughnan, S ., B . Brock und N . Haslam (2014), »The Psychology of Eating Animals«, *Current Directions in Psychological Science,* Bd . 23 (2), S . 104–108 .

Brock, B . u . a . (2011), »Don't Mind Meat? The Denial of Mind to Animals Used for Human Consumption«, *Personality and Social Psychology Bulletin,* 6 .10 .2011 .http://psp.sagepub.com/content/early/2011/10/06/0146167211 424291.

32荷蘭醬症候群 Das Sauce-béarnaise-Syndrom

Von Engelhardt, D . und R . Wild (Hg .) (2005), *Geschmackskulturen: Vom Dialog der Sinne beim Essen und Trinken,* Campus Verlag, Frankfurt

Reitmeier, S . (2013), *Warum wir mögen, was wir essen: Eine Studie zur Sozialisation der Ernährung,* transcript Verlag, Bielefeld .

Curtis, V . (2011), »Why disgust matters«, *Philosophical Transactions of The Royal Society Lond B Biol Sci;* 366(1583):3478–90 .

Tücke, M . (2003), *Grundlagen der Psychologie für (zukünftige) Lehrer,* LIT Verlag, Berlin, Münster, Wien, Zürich, London .

Rozin, P ., J . Haidt und C . R . McCauley (2009), »Disgust . Entry in Oxford Companion to Affective Sciences«, Sander, D . und Scherer, K . (Hg .), S . 121–122 .

Harris, M . (2005), *Wohlgeschmack und Widerwillen: Die Rätsel der Nahrungstabus,* Klett-Cotta, Stuttgart .

Mennell, S . (1988), *Die Kultivierung des Appetits: Die Geschichte des Essens vom Mittelalter bis heute,* Athenäum Verlag, Frankfurt .

33樂曲悠揚促進食欲 Der Ton macht den Appetit

Anucyia, V. (2014), »Louis Armstrong for starters, Debussy with roast chicken and James Blunt for dessert: British Airways pairs music to meals to make in-flight food taste better«, *Daily Mail*, 15.10.2014.

Eplett, L. (2014), »The Sound (And Taste) Of Music«, *Scientific American*, 9.12.2014.

Crisinel, A. S., C. Spence u. a. (2012), »A bittersweet symphony: Systematically modulating the taste of food by changing the sonic properties of the soundtrack playing in the background«, *ScienceDirect, Food Quality and Preference*, Bd. 24, Nr. 1, Apr. 2012, S. 201–204.

»Premiere in Hamburg: Töne beeinflussen Weingeschmack«, *FOCUS Online*, 9.3.2015. 根據主辦單位「Voce:divino」首頁（http://www.voce-divino.com/ event/）上的內容，當晚的品酒活動進行方式如下：侍酒師先給每位進場的來賓一杯葡萄酒，接著由音樂家爲每款酒演奏一曲，侍酒師並會一一加以說明每款酒與樂曲的搭配。當晚的高潮在於知名鋼琴家 Chia Chou 教授親自用平台型鋼琴彈奏幾個音，向觀眾顯示出音樂如何影響酒的口感。

Steiner, P. (2009), *Sound Branding, Grundlagen der akustischen Markenführung*, Gabler, Wiesbaden.

Fink, H.-J. (2013), »Elmar Lampson hat schon als Kind in Tönen geträumt«, *Hamburger Abendblatt*, 25.9.2013.

North, A. C. und D. J. Hargreaves (1996), »The Effects of Music on Responses to a Dining Area«, *Journal of Environmental Psychology*, Bd. 16, Nr. 1, März 1996, S. 55–64.

Strobele, N. und J. M. deCastro (2006), »Listening to music while eating is related to increases in people's food intake and meal duration«, *Appetite*, Bd. 47, Nr. 3, S. 285–289.

34點菜焦慮 Status-Angst à la carte

Jurafsky, D. (2014), *The Language of Food: A Linguist reads The Menu*, W. W. Norton & Company, New York, London.

Ariely, D. (2008), *Denken hilft zwar, nützt aber nichts. Warum wir immer wieder unvernünftige Entscheidungen treffen*, Droemer, München.

35「狗袋」謬論 Das Doggy-Bag-Paradoxon

Davidson, A., D. Jaine, J. Davidson und H. Saberi (2014), *The Oxford Companion to Food*, Oxford University Press, Oxford.

Spencer, C . (2011), *British Food. An Extrordinary Thousand Years of History*, Grub Street Cookery, London .

Breeden, A . (2014), »Brushing Off a French Stigma That Doggie Bags Are for Beggars«, *New York Times*, 13 .11 .2014 .

Amer, S . und C . McClatchey (2011), »Doggy bag . Why are the British too embarrassed to ask?«, *BBC News Magazine*, 15 .10 .2011 .

36 B J效應 Der Bridget-Jones-Effekt

Platte, P . u . a . (2013), »Oral Perceptions of Fat and Taste Stimuli Are Modulated by Affect and Mood Induction«, *PLOS one*, 5 .6 .2013 .

Aron, A . u . a . (2012), »Regional brain activity during early-stage intense romantic love predicted relationship outcomes after 40 months ...«, *Neuroscience Letters*, Bd . 526, Nr . 1, S . 33–38 .

Aron, A . u . a . (2010), »Reward, Addiction, and Emotion Regulation Systems Associated With Rejection in Love«, *Journal of NeuroPhysiology*, Bd . 104, Nr . 1, S . 51–60 .

Gabriel, S . u . a . (2015), »Threatened belonging and preference for comfort food among the securely attached«, *Appetite*, 07/2015, S . 58–64 .

Gabriel, S . und J . D . Troisi (2011), »Chicken soup really is good for the soul: ›comfort food‹ fulfills the need to belong«, *Psychological Science*, 22 .6 .2011, Bd . 6, S . 747–753 .

Mann, T . u . a . (2014), »The myth of comfort food«, *Health Psychology*, Bd . 33 (12), S . 1552–1557 .

37 服務生的體重如何影響我們點菜 Wie das Gewicht des Kellners unsere Bestellung beeinflusst

Döring, T . und B . Wansink (2015), »The Waiter's Weight, Does a Server's BMI Relate to How Much Food Diners Order?«, *Environment and Behavior*, 28 .12 .2015 .

Ellison, B . und J . Lusk (2013), »›I'll Have What He's Having‹: Group Ordering Behavior in Food Choice Decisions«, *Selected Paper prepared for presentation at The Agricultural and Applied Economic Association's 2013 AAEA and CAES Joint Annual Meeting*, Washington, D . C ., 4 .–6 . August 2013 .

Ariely, D . und J . Levav (2000), »Sequential Choice in Group Settings: Taking the Road Less Traveled and Less Enjoyed«, *Journal of Consumer Research*, 27 .12 .2000, S . 279–290 .

Ariely, D . (2008), *Denken hilft zwar, nützt aber nichts. Warum wir immer wieder unvernünftige Entscheidungen treffen*, Droemer, München .

38巴咂巴咂與稀哩呼嚕恐懼症 Die Schmatz- und Schlürfphobie

Berstein, E . (2015), »Annoyed by Loud Chewing? The Problem Is You«, *The Wall Street Journal*, 19 .10 .2015 .

Wu, M . u . a . (2014), »Misophonia: Incidence, Phenomenology, and Clinical Correlates in an Undergraduate Student Sample«, *Journal of Clinical Psychology*, Bd . 70, Nr . 10, S . 994–1007 .

Misophonie-Skala von Guy Fitzmaurice: http://www.misophonia-uk.org/the-misophonia-activation-scale.html.

Schröder, A ., N . Vulik und D . Denys (2013), »Misophonia: Diagnostic Criteria for a New Psychiatric Disorder«, PLoS ONE 8(1):e54706.doi:10.1371/journal.pone .0054706.

Kopp, D . v . (2015), »Oh du schreckliches Weihnachtsessen«, Blogbeitrag Faz .net, Food Affair, http://blogs.faz.net/foodaffair/2015/12/23/oh-du-schreckliches-weihnachtsessen-628/.

Dozier, T . H . (2016), *Misophonie verstehen und überwinden: Eine konditionierte aversive Reflexstörung*, Lotus-Press, Lohne .

39吃到飽餐廳 All you can eat

Wansink, B . und S . Mitsuru (2013), »Eating Behaviors and the Number of Buffet Trips: An Observational Study at All-You-Can-Eat Chinese Restaurants«, *American Journal of Preventive Medicine*, Bd . 44 (4), S . 49–50 .

Wansink, B . (2008), *Essen ohne Sinn und Verstand: Wie die Lebensmittelindustrie uns manipuliert*, Campus Verlag, Frankfurt am Main .

Stein-Hölkeskamp, E . (2005), *Das römische Gastmahl. Eine Kulturgeschichte*, C . H . Beck, München .

40完美洋芋片 Der perfekte Chip

Die Geschichte des George Crum und Amerikas erstem Kartoffelchip, http://originalsaratogachips.com/our-story/.

Burhans, D . (2008), *Crunch! A History of The Great American Potato Chip*, Terrace Books, London .

Bennett, L . (2000), »Fun Facts About Frites«, *The San Francisco Chronicle*, 20 .9 .2000 . (Anmerkung: Ob nun George Crum oder seine Schwester Katie Speck Wicks die Chips erfunden hat, bleibt letztendlich offen .)

Kitchiner, W . (1822), *The Cook's Oracle*; 4 . Aufl ., A . Constable and Co ., Edinburgh, London, S . 208 .

Spence, C ., M . U . Shankar und H . Blumenthal (2011), »Sound bites: Auditory contributions to the perception and consumption of food and drink«, *Art and The Senses*, S . 207–238 .

Zampini, M . und C . Spence (2004), »The role of auditory cues in modulating the perceived crispness and staleness of potato chips«, *Journal of Sensory Studies*, Bd . 19, Nr . 5, S . 347–363 .

Vranica, S . (2010), »Snack Attack: Chip Eaters Make Noise About a Crunchy Bag«, *The Wall Street Journal*, 18 .8 .2010 .

Bethge, P . u . a . (2013), »Die Menschen-Mäster«, *Der Spiegel*, Nr . 10, 4 .3 .2013 .

41 門牙存在的原因 Wofür Schneidezähne eigentlich da sind

Klose, S . (2016), »Munchies, Food hacking: Electric Fork«, https://www.youtube.com/watch?v=95rrDcdctlE.

Elias, N . (1976), *Über den Prozeß der Zivilisation: Soziogenetische und psychogenetische Untersuchungen*, Suhrkamp, Frankfurt am Main .

Wilson, B . (2014), *Am Beispiel der Gabel: Eine Geschichte der Koch und Esswerkzeuge,* Insel Verlag, Berlin .

42 睡給你瘦 Schlaf dich schlank

Brillat-Savarin, J . A . (1976), *Physiologie des Geschmacks*, Wilhelm Heyne Verlag, München .

St-Onge, M . P ., A . Roberts, A . Shechter und A . R . Choudhury (2016), »Fiber and Saturated Fat Are Associated with Sleep Arousals and Slow Wave Sleep«, *Journal of Clinical Sleep Medicine*, Bd . 12 (1), S . 19-24 .

http://www.report-psychologie.de/fileadmin/thema/2011/10/5_Fragen_an_Prof_Dr_Juergen_Zulley.pdf.

Psychologie Heute, Compact 44 (2016), *Futter für die Seele. Wie Gefühle uns beim Essen steuern – und warum Genuss ohne Reue möglich ist*, Beltz Verlag, Weinheim .

國家圖書館出版品預行編目資料

吃的藝術：42個飲食行為的思考偏誤/梅蘭妮・穆爾（Melanie Mühl）、狄安娜・馮寇普（Diana von Kopp）著；林琬玉譯. -- 二版. -- 臺北市：商周出版,城邦文化事業股份有限公司出版：英屬蓋曼群島商家庭傳媒股份有限公司城邦分公司發行, 2023.12

面；　公分

譯自: Die Kunst des klugen Essens: 42 verblüffende Ernährungswahrheiten

ISBN 978-626-318-944-7 (平裝)

1.行為心理學　2.飲食

176.8　　　112018826

感謝歌德學院（台北）德國文化中心 協助

歌德學院（台北）德國文化中心是德國歌德學院（Goethe-Institut）在台灣的代表機構，五十餘年來致力於德語教學、德國圖書資訊及藝術文化的推廣與交流，不定期與台灣、德國的藝文工作者攜手合作，介紹德國當代的藝文活動。

歌德學院（台北）德國文化中心
Goethe-Institut Taipei
地址：100 臺北市和平西路一段 20 號 6/11/12 樓
電話：02-2365 7294
傳真：02-2368 7542
網址：http://www.goethe.de/taipei

吃的藝術：42 個飲食行為的思考偏誤

原著書名／Die Kunst des klugen Essens: 42 verblüffende Ernährungswahrheiten
作　　者／梅蘭妮・穆爾（Melanie Mühl）、狄安娜・馮寇普（Diana von Kopp）
譯　　者／林琬玉
企劃選書／賴芊曄
責任編輯／賴芊曄

版　　權／林易萱
行銷業務／周丹蘋、賴正祐
總 編 輯／楊如玉
總 經 理／彭之琬
事業群總經理／黃淑貞
發 行 人／何飛鵬
法律顧問／元禾法律事務所 王子文律師
出　　版／商周出版
台北市 104 民生東路二段 141 號 9 樓
電話：(02) 25007008　傳真：(02)25007759
E-mail：bwp.service@cite.com.tw
發　　行／英屬蓋曼群島商家庭傳媒股份有限公司城邦分公司
台北市中山區民生東路二段 141 號 11 樓
書虫客服服務專線：(02)25007718；(02)25007719
服務時間：週一至週五上午09:30-12:00；下午13:30-17:00
24小時傳真專線：(02)25001990；(02)25001991
劃撥帳號：19863813；戶名：書虫股份有限公司
讀者服務信箱：service@readingclub.com.tw
城邦讀書花園：www.cite.com.tw
香港發行所／城邦（香港）出版集團有限公司
香港九龍九龍城土瓜灣道 86 號順聯工業大廈 6 樓 A 室
E-mail：hkcite@biznetvigator.com
電話：(852) 25086231 傳真：(852) 25789337
馬新發行所／城邦（馬新）出版集團【Cite (M) Sdn. Bhd.】
41, Jalan Radin Anum, Bandar Baru Sri Petaling,
57000 Kuala Lumpur, Malaysia.
Tel: (603) 90578822　Fax: (603) 90576622
Email: cite@cite.com.my

封面設計／鄭宇斌
排　　版／極翔企業有限公司
印　　刷／韋懋實業有限公司
經 銷 商／聯合發行股份有限公司
電話：(02) 2917-8022　Fax: (02) 2911-0053
地址：新北市 231 新店區寶橋路 235 巷 6 弄 6 號 2 樓

■ 2023 年（民 112）12 月二版
定價 380 元

Printed in Taiwan

城邦讀書花園
www.cite.com.tw

商周出版

廣　告　回　函
北區郵政管理登記證
北臺字第000791號
郵資已付，免貼郵票

104　台北市民生東路二段141號11樓

英屬蓋曼群島商家庭傳媒股份有限公司城邦分公司　收

請沿虛線對摺，謝謝！

商周出版

書號：BK5127X　　書名：吃的藝術　　編碼：

請於此處用膠水黏貼

商周出版

讀者回函卡

線上版讀者回函卡

感謝您購買我們出版的書籍！請費心填寫此回函卡，我們將不定期寄上城邦集團最新的出版訊息。

姓名：＿＿＿＿＿＿＿＿＿＿＿＿＿＿＿＿ 性別：□男 □女

生日：西元＿＿＿＿＿＿年＿＿＿＿＿＿月＿＿＿＿＿＿日

地址：＿＿＿＿＿＿＿＿＿＿＿＿＿＿＿＿＿＿＿＿

聯絡電話：＿＿＿＿＿＿＿＿＿＿ 傳真：＿＿＿＿＿＿＿＿＿＿

E-mail ：

學歷：□ 1. 小學 □ 2. 國中 □ 3. 高中 □ 4. 大學 □ 5. 研究所以上

職業：□ 1. 學生 □ 2. 軍公教 □ 3. 服務 □ 4. 金融 □ 5. 製造 □ 6. 資訊

□ 7. 傳播 □ 8. 自由業 □ 9. 農漁牧 □ 10. 家管 □ 11. 退休

□ 12. 其他＿＿＿＿＿＿＿＿＿＿＿＿＿＿＿＿

您從何種方式得知本書消息？

□ 1. 書店 □ 2. 網路 □ 3. 報紙 □ 4. 雜誌 □ 5. 廣播 □ 6. 電視

□ 7. 親友推薦 □ 8. 其他＿＿＿＿＿＿＿＿＿＿＿＿

您通常以何種方式購書？

□ 1. 書店 □ 2. 網路 □ 3. 傳真訂購 □ 4. 郵局劃撥 □ 5. 其他＿＿＿

您喜歡閱讀那些類別的書籍？

□ 1. 財經商業 □ 2. 自然科學 □ 3. 歷史 □ 4. 法律 □ 5. 文學

□ 6. 休閒旅遊 □ 7. 小說 □ 8. 人物傳記 □ 9. 生活、勵志 □ 10. 其他

對我們的建議：＿＿＿＿＿＿＿＿＿＿＿＿＿＿＿＿＿＿＿＿

＿＿＿＿＿＿＿＿＿＿＿＿＿＿＿＿＿＿＿＿

＿＿＿＿＿＿＿＿＿＿＿＿＿＿＿＿＿＿＿＿

【為提供訂購、行銷、客戶管理或其他合於營業登記項目或章程所定業務之目的，城邦出版人集團（即英屬蓋曼群島商家庭傳媒（股）公司城邦分公司、城邦文化事業（股）公司），於本集團之營運期間及地區內，將以電郵、傳真、電話、簡訊、郵寄或其他公告方式利用您提供之資料（資料類別：C001、C002、C003、C011 等）。利用對象除本集團外，亦可能包括相關服務的協力機構。如您有依個資法第三條或其他需服務之處，得致電本公司客服中心電話 02-25007718 請求協助。相關資料如為非必要項目，不提供亦不影響您的權益。】

1.C001 辨識個人者：如消費者之姓名、地址、電話、電子郵件等資訊。

2.C002 辨識財務者：如信用卡或轉帳帳戶資訊。

3.C003 政府資料中之辨識者：如身分證字號或護照號碼（外國人）。

4.C011 個人描述：如性別、國籍、出生年月日。

請於此處用膠水黏貼